Das französische Kochbuch

KOMET

Besuchen Sie uns im internet: www.komet-verlag.de

Idee/Konzept/Design/Inhalt: agilmedien, Köln
Umschlaggestaltung: Peter Mebus für agilmedien, Köln
Satz: Peter Mebus für agilmedien, Köln
Texte: Pierre Andrée, Petra Knorr
Fotos: Paul LeClaire, Köln; PhotoDisc, Inc.
Gesamtherstellung: Komet Verlag GmbH, Köln
ISBN 3-89836-336-8

Das französische Kochbuch

KOMET

Inhalt

Inhalt

Vorwort

Die sagenhafte Lust am Genuss und die ausgefeilte Art der Zubereitung haben Frankreichs Küche über alle Grenzen bekannt und berühmt gemacht. So galt die Küche der Franzosen schon immer als die Wiege der Esskultur.
„Leben wie Gott in Frankreich" ist somit zu einem Synonym für Qualität, Aroma und Frische geworden. Eine kulinarische Reise durch Frankreich ist ein unvergleichliches Geschmackserlebnis.
Ein Blick in den Atlas zeigt uns, dass Frankreich von einem weit verzweigten Netz aus Flüssen überzogen ist. Oftmals bilden die Flüsse natürliche Grenzen zwischen den Provinzen. Vielleicht sind sie dafür verantwortlich, dass die typischen Speisen einzelner Regionen bis heute erhalten geblieben sind. In den Provinzküchen werden bevorzugt nur die in der jeweiligen Region erzeugten Produkte zum Kochen verwendet.
Paris dagegen hat keine erkennbare typische Küche aufzuweisen. Diese Küche ist überregional und kosmopolitisch, da der Pariser Speisen aus aller Welt in sein Kochrepertoire aufgenommen hat. Natürlich werden die Gerichte auf Pariser Art modifiziert und bekommen ihren besonderen französischen Stempel aufgedrückt.
Diese Stadt hat unbegrenzte Einkaufsmöglichkeiten. In den Markthallen „Der Bauch von Paris", im Stadtteil Rungis, präsentiert sich ein Überangebot an Nahrungsmitteln aus aller Welt, versorgt Rungis doch über 18 Millionen Verbraucher europaweit, davon 12 Millionen Franzosen.
Somit ist es auch nicht verwunderlich, dass Paris kulinarisch betrachtet gegenüber allen anderen französischen Städten tonangebend ist. Die Pariser Küchenchefs erfinden ständig neue, gewagte und innovative Rezepte, die um die Welt gehen und für den großartigen Ruf der Pariser Küche sorgen. Auf den Speisekarten fehlt es an nichts: Jede Zutat, und sei sie auch noch so exotisch, ist in Paris zu haben. Daraus ließe sich schließen, dass die Provinzküche langweilig und wenig abwechslungsreich ist, doch weit gefehlt! Die Frische der Produkte und die schonende Art der Zubereitung machen den Charme dieser regionalen Küchen aus.
Natürlich werden alle Speisen mit dem passenden Wein serviert. Frankreich rangiert auf Platz 3 der großen Weinanbau-Länder und übertrifft Deutschland dabei um ein Vielfaches. Auch im Rennen um die Qualität der Weine liegt Frankreich ganz weit vorne. Die Franzosen reden jedoch nicht über ihre Weinkultur, sie leben sie einfach.
Für dieses Buch habe ich die besten Rezepte aus allen Regionen und Provinzen zusammengestellt und hoffe, dass sich für Sie immer wieder Gelegenheiten ergeben, die Köstlichkeiten der französischen Küche nachzukochen.

Eine kulinarische Reise durch Frankreich

DER WALLFAHRTSORT FÜR GENIESSER – PARIS!

Immer wieder bin ich entzückt, wenn ich durch die Pariser Feinkostgeschäfte schlendere und deren „Spezialitäten" betrachte. Stets werden frische Pasteten angeboten, unter deren knuspriger Hülle sich die schönsten Leckereien verstecken: Terrinen von Schwein, Rind, Lamm und Fisch, die von glänzendem Aspik überzogen sind. Es gibt eine reiche Auswahl an Schinken, Würsten, geräucherten und gepökelten Fleischwaren. Und in keinem Geschäft fehlt eine Vitrine, in der nicht eine Vielzahl frisch zubereiteter Salate feil geboten wird. Gut verpackt bleiben Aromen und Geschmack auch auf dem Weg nach Hause erhalten. Bis zu ihrer geschmacklichen Perfektion hat die französische Küche einen weiten Weg zurückgelegt.

DIE GESCHICHTE DER FRANZÖSISCHEN KOCHKULTUR

An den Höfen der Könige entwickelte sich die Vorstufe der heute weltweit bekannten kulinarischen Kostbarkeiten. Als jedoch während der Französischen Revolution die Köpfe des Adels rollten und somit die Arbeitgeber der Köchinnen und Köche auf den Guillotinen oder am Galgen endeten, blieb diesen nichts anderes übrig, als sich selbstständig zu machen.
Zunächst gab es eine große Nahrungsmittelknappheit, denn marodierende und meuchelnde Gruppen zogen durch das Land und hinterließen eine Spur der Verwüstung. Bauernhöfe wurden niedergebrannt, das Vieh geschlachtet oder versprengt. Bis sich diese Zustände änderten, verging einige Zeit.

Doch die Pariser Lebenslust und die Erinnerung an gutes Essen ließen mit der Zeit die ersten Restaurationen entstehen. Im Frühjahr wurde wieder Spargel aus Argenteul gegessen und im Sommer gab es Pfirsiche und Kirschen aus Montreuil und Montmorency. Zu dieser Zeit machte sich eine regelrechte Genusssucht breit. Doch das größte Freizeitvergnügen der Franzosen, zum Essen auszugehen, etablierte sich erst nach dem Zweiten Weltkrieg.

Paris genießt innerhalb Frankreichs eine absolute Sonderstellung und auf kulinarischem Gebiet liegt diese Stadt an der Spitze. Die französische Metropole hat im Durchschnitt eine gut verdienende Bevölkerung, die bereit ist, für hervorragendes Essen viel Geld auszugeben. So ist es nicht verwunderlich, dass man in Paris eine große Anzahl an 3-Sterne-Restaurants findet. Mit immer wieder neuen ausgefallenen Kreationen untermauern sie ihren legendären Ruf, denn Kochen gilt in Frankreich als Kunst. Die französische Küche ist noch immer Vorbild für alle anderen Küchen Europas und der ganzen Welt.
Daneben gibt es unzählige kleine Restaurants ohne Stern, in denen ebenso exquisite Gerichte angeboten werden und deren Menue-Preise auch für den Durchschnittsverdiener erschwinglich sind.

DIE KÜCHE IM WANDEL

Der Zubereitung von Speisen sind keine Grenzen gesetzt. Es gibt die herzhafte und preiswerte Küche oder die raffinierten Gerichte, die mit ausgesuchten feinen Zutaten und üppigen Saucen serviert werden.
Charakteristisch für die Nouvelle Cuisine, die in den siebziger Jahren Einzug in Frankreich hielt,

waren leichte und fettarme Gerichte von hoher Qualität.
Die Portionen waren klein und auf die Präsentation der Speisen, die aus üppig dekorierten Tellern bestand, wurde großer Wert gelegt. Es war für manchen Gourmet eine Überraschung der negativen Art, wenn die Cloche (Glocken) von den Tellern gehoben wurden und sich darunter köstliche, aber äußerst winzige Portionen darboten.
Glücklicherweise hat man den Weg der Speisenminimierung wieder verlassen und serviert wieder in angemessener Menge.
Die große Bedeutung der Kochkunst kann man jedes Jahr aufs Neue erleben sobald die großen Restaurantkritiker Kochmützen, Kochlöffel oder gar Sterne für die jeweiligen Köche und/oder Restaurants vergeben. Es wird gefiebert und gezittert, ob man die Auszeichnung behält oder sogar eine neue hinzugewinnt.
Von diesen Bewertungen hängen oftmals Arbeitsplätze und Wohlstand ab.
Allerdings wirken sich solch hohe Auszeichnungen nicht immer positiv aus: Manches Restaurant musste danach schließen, denn die durch die Prämierung in die Höhe geschnellten Preise verschreckten die Genießer, die nicht bereit waren, für ein Menü ein ganzes Monatsgehalt auszugeben.

DIE TÄGLICHE KÜCHE

Um die französische Küche in all ihrer Vielfalt kennen zu lernen, wenden wir uns der landesüblichen Speisenabfolge zu:
Mit dem Petit Déjeuner (Frühstück) beginnt der Tag und das wenig Aufsehen erregend: Es ist weder üppig noch prachtvoll. Zum Café Crème (Kaffee mit Milch) gibt es 1 oder 2 Croissants, Blätterteighörnchen, die vor dem Verzehr in den Kaffee getunkt werden.
Das erste warme Essen gibt es zwischen 12 und 14 Uhr (Déjeuner). Meist nehmen die Berufstätigen in einer Rôtisserie (Grillrestaurant) oder Brasserie (Bierkneipe) ein einfaches, schmackhaftes und preisgünstiges Tellergericht zu sich. Natürlich werden auch so genannte Snacks oder Selfs sehr gerne besucht, das sind Selbstbedie-

nungsrestaurants, in denen belegte Baguettes, Salate und Suppen angeboten werden. Geschmacklich sind sie jedoch immer noch meilenweit von unseren Pommes frites, Bratwürsten und fetten Majonnaisesalaten entfernt.

Auf dem häuslichen Mittagstisch befinden sich oftmals eine leichte Suppe, Salat und ein kleines Stück Fleisch. Das klassische Menü gibt es erst abends.

Den Auftakt bildet ein Aperitif. So genannte Magenöffner sind Pastis oder Anisette, ein mit Wasser verdünnter (1:5) Anisschnaps, Sherry oder ein kleines Bier. Natürlich darf es auch ein Glas Champagner sein.

Den ersten Gang bildet das Hors d'œuvre, das aus kalten oder warmen Vorspeisen besteht: Suppen, Rohkost, Wurst, Pasteten, Terrinen oder kleinen Fischhäppchen. Zu allem wird frisches Baguette und natürlich Wein gereicht.

Der Hauptgang sieht meist ein Fleisch- oder Fischgericht vor, zu dem man Légume (Gemüse) reicht. Hierzu zählen die Franzosen auch Kartoffeln, Reis oder Nudeln.

Auf das Hauptgericht folgt die Käseplatte, die noch keineswegs den Magen schließt. Der französische Gourmet hat die Wahl zwischen ca. 350 verschiedenen Sorten Käse. Natürlich wird davon nur ein kleiner Teil angeboten und jeder stellt sich seinen Käseteller selber zusammen.

Gefolgt von einem Dessert, das aus einer Crème, Eis, Kuchen oder Obst bestehen kann, wird nach diesem üppigen Mahl ein Café serviert, der, schwarz getrunken, dem Magen bei seiner schweren Arbeit helfen soll.

Den krönenden Abschluss bildet der Digestif. Ein Cognac oder das berühmte Eau-de-vie, das Wasser des Lebens, runden das Menü ab.

Nun werden Sie vielleicht sagen, dass unsere Speisenfolge ganz ähnlich ist. Aber Hand auf's Herz? Nehmen Sie sich für Ihre Hauptmahlzeit auch 2 bis 3 Stunden Zeit? Im Gegensatz zu uns lassen sich die Franzosen viel Zeit zum Essen.

Abgesehen davon, dass es so bekömmlicher ist, wird den „Küchenkünstlern" und ihrer Arbeit ein höheres Maß an Achtung und Wertschätzung entgegengebracht.

DIE REGIONALEN KÜCHEN

Paris und die Ile-de-Fance, sind die Wiege der „Grande Cuisine“ Hier wurde dieser Begriff geprägt. Katharina von Medici brachte 1533 aus Florenz die von hohem Standard geprägte italienische Küche nach Franreich mit. Jedoch wurde nicht einfach übernommen, sondern weiterentwickelt.
Mit ihrem Ideenreichtum brachten die Franzosen die italienische Küche auf einen neuen geschmacklichen Stand. Die Speisen wurden von nun an mit den frischesten Zutaten kunstvoll zubereitet, denn damals wie heute lautet das Grundprinzip der französischen Küche „nur erstklassige Zutaten garantieren das Gelingen einer Speise”.
Auch in früheren Zeiten gelangte alles, was in den französischen Provinzen angebaut, geerntet und gezüchtet wurde, in großen Mengen jeden Tag frisch auf den Markt von Paris. Jeder Küchenmeister, der seine Arbeit ernst nimmt, findet täglich aufs Neue die frischen Zutaten für seine Kompositionen in den Markthallen von Rungis. Sie werden, frei nach Émile Zola, scherzhaft von den Parisern als „der Bauch von Paris“ bezeichnet.
Zwei französische Spezialitäten verdienen besondere Beachtung: der Brie und die Crêpes.
Der Brie wurde im Jahre 1814 von den teilnehmenden Botschaftern auf dem Wiener Kongress zum „König der Käse“ gewählt.
Ebenso über alle Grenzen bekannt sind die „Crêpes“: Hauchdünne Pfannkuchen, die mit Konfitüre gefüllt oder mit Cointreau bzw. Grand Marnier flambiert werden.
Weitere regionale Spezialitäten sind die kross mit Käse überbackene Zwiebelsuppe (Soupe à l’oignon), Rinderfilet mit Gänseleberscheiben belegt (Tournedos Rossini) oder das geschmorte Kaninchen in Weißweinsauce (Gibelote de Lapin).
In diesen Gerichten kommt die hohe Kunst des Kochens zu ihrem vollendeten Ausdruck.

DAS ELSASS, DIE HEIMAT DER „FOIE GRAS“ UND DES „BAECKEOFFE“

Die elsässische Küche ist seit jeher für üppige, kräftige und herzhafte Kost bekannt.
Eine der Spezialitäten ist die „Choucroute garnie“, eine mit Sauerkraut und den verschiedensten Fleisch- und Wurststücken belegte Platte, die ein recht deftiges Mahl darstellt. Das feinere, aber nicht minder üppige Gegenstück ist die „Foie Gras“, eine Gänseleberpastete von erlesenem Geschmack. Sie ist der delikate und kostspielige Gipfel der Vorspeisen.
Der „Coq au Riesling“, ein mit Pilzen, Speck und Riesling zubereiteter Hahn, ist ebenso bekannt wie der „Baeckeoffe“. Bei diesem Gericht handelt es sich um einen Eintopf, der aus Rind-, Hammel- und Schweinefleisch zubereitet wird. Diese Straßburger Delikatesse wurde seinerzeit von den Waschfrauen morgens vor Arbeitsbeginn beim ortsansässigen Bäcker abgegeben. Dieser verschloss den vorbereiteten Fleischtopf mit einem Ring aus Teig und schob ihn in den noch immer heißen Ofen, wo er bis zum Mittag langsam im eigenen Saft garte. Dazu gab es Grumbeereknöpfle (Kartoffelklößchen) oder Dampfnüdele (Dampfnudeln).
Ein weiterer kulinarischer Höhepunkt ist der im Frühjahr gestochene Spargel, der von makellos weißer Qualität ist und jedes Feinschmeckerherz höher schlagen lässt.
Der Rhein und seine vielen Nebenflüsse haben vielfältige und köstliche Fischgerichte hervorgebracht, die mit feinen Saucen aus Kräutern, Weißwein, Knoblauch und Champignons serviert werden.
Besonders schmackhaft ist die Kombination von Munster-Käse mit einem Glas Gewürztraminer, die jeder Genießer zu schätzen weiß.
Zu jedem Gericht lässt sich der passende elsässische Wein finden: Silvaner, Riesling, Pinot gris d’Alsace, Pinot noir und der Gewürztraminer runden die Gaumenfreuden vortrefflich ab.

LOTHRINGEN (LORRAINE)-DER URSPRUNG DER QUICHE

Durch den Salzhandel im Mittelalter – Salz war in früheren Zeiten eines der wichtigsten Konservierungsmittel und daher ein teures Handelsgut – kam Lothringen zu einigem Wohlstand. Auch Honig und Eau-de-vie, der köstliche Obstbrand, wurden zum Kauf angeboten. Sowohl die damalige als auch heutige Küche ist bodenständig und ursprünglich. Eine der bekanntesten Spezialitäten ist wohl die Quiche Lorraine, ein herzhafter Kuchen aus Eiern, Speck und Sahne. Er wird wie eine Torte aufgeschnitten und lauwarm serviert.

Eine weitere Köstlichkeit ist der „Matelote de brochet au vin gris", ein Mosel-Hecht, der filetiert und mit pikanten Kräutern in Weißwein gedünstet wird.

Der Vin gris ist eine Weinspezialität aus der Region Lothringen. Er wird aus roten Trauben hergestellt, die noch vor dem Einsetzen der Gärung gepresst werden.

Irische Mönche, die sich im 7. Jahrhundert ins Munstertal aufmachten, um dort das Evangelium zu verbreiten, brachten die Kunst des Käsemachens ins Elsass und nach Lothringen. Der zu dieser Zeit entstandene Gérome ist dem Munster aus dem Elsass sehr ähnlich.

Die Bewohner Lothringens gelten als besonders naschhaft. Bereits am Hof von Nancy, unter der Herrschaft von König Stanislas, wurden die Madeleines und der köstliche mit Rum getränkte Biskuitring Baba au Rhum kreiert.

FRANCHE-COMTÉ – (FRANZÖSISCHER JURA)

An der Grenze zur Schweiz erstreckt sich das Franche-Comté. Es ist die reine Freude, durch diesen Landesteil zu reisen. Unzählige klare Gebirgsbäche münden in die beiden Hauptflüsse, die Saône und den Doubs ein. Als eine der grünsten Provinzen Frankreichs ist sie für ihre Fischgerichte bekannt. Nirgendwo sonst wird die Truite bleue (Forelle blau) wohlschmeckender zubereitet. Und auch die Hechtklößchen, die zu einer luftigen Delikatesse verarbeitet werden und mit einer schaumigen Weißweinsauce auf den Tisch kommen, sind ein Gedicht. Das Franche-Comté lebt u.a. von der Milchwirtschaft. Es bereichert die üppige französische Käseplatte um den beliebten Gruyère de Comté, besser bekannt als Comté. Der Comté ist nicht nur ein delikater Tafelkäse, sondern gibt Saucen, Omeletts und Fondues einen besonderen Pfiff. Hier werden neben dem französischen Emmentaler und dem von einer Aschenschicht durchzogenen Morbier auch der cremigen Vacherin Mont-d'Or produziert.

Das kleine exklusive Weinanbaugebiet an den Südhängen des Jura, zwischen Arbois und Château-Chalon, liefert ausgezeichnete Rot-, Rosé- und Weißweine. Besonders hervorzuheben sind der Vin Jaune, ein Wein von ungewöhnlich gelber Farbe, und der Vin de Paille. Für ihn werden die Trauben auf Strohmatten getrocknet und erst anschließend gekeltert. Ein ähnliches Verfahren wird in Italien angewandt, um den köstlichen Amarone zu erhalten.

Überdies werden in der Region Franche-Comtè Obstbrände wie Eau de vie, Enzian (Gentiane) oder ein Marc (Tresterbrand) destilliert.

BURGUND UND DAS LYONAIS

In diesem Landstrich liebt man das Essen und Trinken. Das Burgund ist stolz auf die prachtvollen Rotweine, die in dieser Region gekeltert werden. Sie haben erheblich zum Ruhm der französischen Kochkunst beigetragen, denn viele Gerichte entfalten ihren unvergleichlichen Geschmack erst durch die Zugabe des Weines. Zum Beispiel das Bœuf Bourguignon, ein Eintopfgericht, das aus dem Rindfleisch der

Lyoner Charlois-Rinder gekocht wird und mit dem kräftigen Burgunder eine sagenhafte Verbindung eingeht. Man kocht übrigens nicht mit einer Tasse Wein, gerechnet wird immer in halben oder ganzen Flaschen, die zur Saucenbereitung verarbeitet werden.

Das Burgund trägt den Namen „Mekka der Feinschmecker" nicht zu Unrecht. Im südostfranzösischen Dauphiné wird Sahne produziert, unzählige Flüsse liefern frische Süßwasserfische, das beste Geflügel kommt aus dem Bresse und zartes Lammfleisch aus der Auvergne. Zur überregional bekannten Küche zählen noch die in Kräuterbutter servierten Weinbergschnecken oder das mit Senf zubereitete Kaninchen.

Ein traditioneller Aperitif ist der Kir. Er setzt sich zusammen aus 4/5 trockenem weißen Burgunder und 1/5 Crème de Cassis, einem schwarzen Johannisbeerlikör. Mit ihm werden die üppigen Dîners eingeleitet. Die nachfolgenden Speisen werden von den Weinen der Region abgerundet. Der Mâcon bereichert viele Vorspeisen, und Krusten- sowie Schalentiere werden mit einem Chablis genossen. Ein Meursault begleitet die Fischgerichte. Warme Vorspeisen, Geflügel und Schweinefleisch finden ihre Ergänzung in leichten Rotweinen wie Beaujolais, Rully oder Santenay. Die kräftigen Lagen der Côte de Nuits harmonieren aufs Trefflichste mit Rindfleisch, Wild und Käse.

DAS ROMANTISCHE LOIRE-TAL – DER „GARTEN FRANKREICHS"

Die Küche des Loire-Tals wird charakterisiert durch ihre frischen Zutaten. Hier spielen Fisch, Wild und Gemüse eine herausragende Rolle.

Im geschichtsträchtigen Loire-Tal lässt es sich wahrlich königlich speisen. Die Landschaft ist geprägt von mittelalterlichen Burgen und wunderschönen Renaissance-Schlössern. In dieser Landschaft gedeihen Obstbäume, Reben und Gemüse prächtig. Wer an den ausgedehnten Kornfeldern der Beauce entlangfährt, kann die heitere Stimmung dieser Landschaft wahrnehmen. Alles sieht prächtig und blank geputzt aus. Muntere Flüsse durchziehen das Land. Die Straßen sind gesäumt von Pappeln und Weiden. Und aus allen Küchen strömen die feinsten Düfte. Der „Coq au sang", ein am Spieß gebratenes Hähnchen, und die „Rillettes de porc", faschiertes Schweinehackfleisch in Schmalz gebraten und in Steintöpfen eingemacht, eröffnen so manches Essen. Wildpasteten, Geflügelterrinen oder Kalbsnierchen mit Bries stehen ebenfalls auf dem Speisezettel des Loire-Tals. Der Fischreichtum präsentiert sich in Form von gebratenem Hecht, gefülltem Karpfen in Weißwein und „Sandre au beurre blanc", dem köstlichen Zander in Buttersauce.

Schwerpunkt der regionalen Käsesorten bilden der viel gefragte „Fromage de chèvre" und der kleine rundliche „Crottin des Chavignol", benannt nach dem Dorf in der Region des Sancerre-Weines.

DIE BRETAGNE

Der windgepeitschte Landstrich mit seiner zerklüfteten Küstenlinie ist das Eldorado für Liebhaber von Schalentieren und Fischen. Auf sie wartet eine überwältigende Auswahl an frischen Meerestieren. Die Belon-Austern mit ihrem feinen Meergeschmack werden von den nah gelegenen Austernbänken täglich frisch geerntet und sind ein geschmacklicher Hochgenuss. Der bretonische Hummer, der entweder gegrillt, in feiner Sahnesauce oder mit einer scharfwürzigen Sauce (à l' amoricaine) zubereitet wird, ist eine absolute Delikatesse. Frische Fische aus dem Atlantik kommen mit der unnachahmlichen „Beurre blanc" auf den Tisch – eine Sauce aus feinster geschmolzener bretonischer Butter, die mit Weißwein und Schalotten luftig aufgeschlagen wird.

Die für die Bretagne typischen Pré-salé-Lämmer, deren Fleisch zart und saftig ist, sind Hauptbestandteil der „Giot à la bretonne", einer gebra-

tenen Lammkeule, die mit weißen Bohnen und geschmorten Tomaten serviert wird. Zu allen Gerichten passt der Cidre, ein moussierender Apfelwein.
Vorzügliche Weißweine wie der Muscadet und der Gros Plant wachsen in der Gegend um Nantes und an der Loiremündung. Beide sind frische, trockene Weißweine, die die feine Würze der Speisen unterstreichen.

DIE NORMANDIE

Die Normandie ist das Land der Apfelbäume. Wie auch in der Bretagne wird hier der Cidre als erfrischendes Getränk sehr geschätzt. Ein vorzügliches Produkt der Normandie ist der Calvados, ein Apfelschnaps. Er wird während des Essens getrunken und macht die üppigen Speisen verdaulicher. In der Normandie spricht man vom „trou normand", dem normannischen Loch: Damit ist eine Essenspause gemeint, die dazu genutzt wird, sich einen Clavados zu genehmigen, damit für die nachfolgenden Speisen wieder Platz im Magen ist. Sehr beliebt ist das Kalbsschnitzel in Sahnesauce (Escalope vallée d'Auge) oder das geschmorte Hähnchen mit Äpfeln und Calvados (Poulet pays d'Auge). Die „Sole normande", ein Fischeintopf, bestehend aus Seezungenfilets, Austern, Krabben und Champignons, der mit einer eingedickten Sahnesauce serviert wird, ist eine Spezialität, die Ihresgleichen sucht. Eine weitere Köstlichkeit aus Rouen und Umgebung ist die „Canard à la rouennaise". Dieses Gericht wird aus den gegrillten Schenkeln und Flügeln einer Ente zubereitet. Die dazu servierte Sauce besteht aus dem durchpassierten Entenrumpf und Entenblut!
Auf der reichhaltigen normannischen Käseplatte finden sich auch die bei uns sehr beliebten Camembert-Sorten Livarot und Pont l'Evêque.

CÔTE D'AZUR UND DIE PROVENCE

An der Côte D'Azur treffen wir die typische Mittelmeerküche, die leicht und frisch ist. Sie verwendet viel Fisch und Olivenöl und hält dazu einen knackigen Salat bereit. Der bekannteste Salat ist wohl der „Salade Niçoise". Es gibt keine feste Zutatenliste und jeder fügt nach Belieben das hinzu, was frisch auf den Märkten angeboten wird. Meist sind es Tomaten, Oliven, gekochte Kartoffeln, Bohnen, Paprikastreifen und Sardellenfilets. Mit einer Vinaigrette und frischem Weißbrot serviert, ist er ein erfrischender sommerlicher Snack, mit dem ein kühler Rosé sehr gut harmoniert.
Die Provence, nach Lavendelfeldern, Kräutern und Knoblauch duftend, zieht die Menschen in ihren Bann. Auch hier spielen Tomaten, Knoblauch und Olivenöl eine entscheidende Rolle bei der Speisenzubereitung. Eine Fischsuppe aus mindestens drei, am besten aber aus zwölf Sorten Fisch ergibt die berühmte Bouillabaisse. Die übrigen Zutaten bestehen aus reichlich Knoblauch, Zwiebeln, Safran, Fenchel, Thymian, Salbei und Weißwein. Abgeschmeckt wird sie mit einer scharfen Rouille, einer feurigen roten Majonnaise aus zerstampften Paprika, Cayennepfeffer, Knoblauch, Zitronensaft und vielem mehr, von der ein Klecks in die Suppe kommt und zu ihrer Würze beiträgt.
Das frische Gemüse der Region wird gerne zu einer Ratatouille verarbeitet, einem Gemüseeintopf mit Knoblauch und Kräutern. Eine andere Variante ist die Soupe au Pistou, eine Gemüsesuppe, die man mit einer Kräuterpaste aus Basilikum, Knoblauch und Olivenöl serviert. Frischer Fisch wird in reichlich Olivenöl ausgebraten oder gegrillt. Zu allem reicht man frische Zitronenschnitze. Die eleganten Weine ergänzen vorzüglich die Aromenvielfalt der Region.

LANGUEDOC-ROUSSILLON

Ein deftiger Eintopf, der „Cassoulet", ist das Nationalgericht dieses Landstrichs. Er besteht aus weißen Bohnen, Gemüse, Enten-, Gänse-, Schweine-, Rind- und Hammelfleisch. Fleisch und Gemüsse werden in einem großen Topf zusammen geschmort und ergeben eine geschmackliche Offenbarung. Im Languedoc-Roussillon liebt man neben Schaf- und Hammelfleisch auch frische Fischgerichte. Die besten Austern und Muscheln kommen aus dem „Bassin de Thau", das in der Nähe der Stadt Sète liegt. Im Roussillon gehört ein Langustenragout zu den feinsten Delikatessen.

Die kleinen Schnecken, die „Petits gris", die auf keiner Speisekarte im Languedoc wegzudenken sind, werden in reichlich Butter, Knoblauch und Petersilie geschmort, danach mit Semmelbröseln bestreut und überbacken. Kräftige, fruchtige Rotweine mit hohem Alkoholgehalt wie der Côtes du Roussillon oder Corbières ergänzen die harmonisch gehaltvollen Speisen.

ATLANTIKKÜSTE, BASKENLAND UND DIE PYRENÄEN

An der Atlantikküste kann das Schlemmerherz höher schlagen. Hier finden sich alle Köstlichkeiten, die als Synonym für französische Genusskultur stehen: Cognac, die Weine des Bordelaise, mit Trüffeln versetzte Gänseleberpasteten oder das Entrecôte bordelaise (Zwischenrippenstück vom Rind).

Das Baskenland beweist auch in seiner Küche Nationalstolz, beinhaltet doch eine der bekanntesten Speisen, die Pipérade, die Landesfarben. Es handelt sich dabei um ein Omelett mit geschmorten Tomaten und Paprika. Eine weitere Spezialität ist ein Stockfisch, der nach langem Wässern mit Olivenöl, Tomaten, mildem und scharfem Paprika in Weißwein geschmort wird. Anschließend wird er mit sahnigem Kartoffelbrei überzogen, mit Semmelbröseln bestreut und im Ofen gratiniert.

Axoa ist eine Kalbfleischkasserolle, die mit Tomaten und Paprikaschoten langsam 2-3 Stunden auf dem Herd köchelt. Weit über die Landesgrenzen hinaus ist der „Jambon de Bayonne" bekannt, der Schinken der Region. Drei Tage wird das Fleisch trocken gepökelt, danach 3 Tage in eine Marinade aus Salzlauge, Rotwein und Kräutern eingelegt. Gründlich trockengetupft wird es im nächsten Schritt mit zerstoßenen Pfefferschoten und geschrotetem schwarzen Pfeffer eingerieben und für die nächsten 2 Jahre zum Reifen in einem gekühlten Raum gelagert. Sein Geschmack lässt den Feinschmecker in höchsten Tönen schwärmen.

Ein typisch baskischer Eintopf ist der „Garbure". Er enthält Gänsekeulen, Kohl, Kartoffeln und weiße Bohnen und ist ein recht mächtiges Gericht.

Die Pyrenäen liefern ein besonders bekanntes Produkt, den Roquefort. Dieser pikante Blauschimmelkäse wird aus der Milch der Causse-Schafe hergestellt. Die Zeit seiner Reife verbringt er in riesigen Felsgewölben.

Das Fleisch der Causse-Lämmer ist unglaublich zart und hat einen würzigen Geschmack. Das Carré (Rippenstück) der Causse-Lämmer ist eine Sensation.

Der Cahors, ein tiefdunkler Rotwein aus der Region, schmeckt vorzüglich zu den herzhaften Erzeugnissen. Weit wichtiger und einträglicher aber als die Weinproduktion ist der Anbau der goldgelben Chasselas, einer Tafeltraube der Güteklasse A.

PÉRIGORD, QUERCY UND DIE GASCOGNE

Hier befinden wir uns im Reich der Gänse und Enten. In keinem anderen Landstrich werden mehr Gänse und Enten gemästet und geschlachtet. In den ersten Wochen werden die Jungtiere zum Schutz im Stall gehalten. Im Sommer geht es auf die Weiden und das junge Federvieh ernährt sich von Gräsern und Wiesenkräutern. Doch bald ist die Zeit der Freiheit vorbei. Ab Ende September werden die Gänse und Enten in Verschläge gesperrt und über einen Trichter, der den Tieren in den Schlund gesteckt wird, mit Mais gemästet. Damit die Maiskörner besser rutschen, massiert man mit einer Hand den Hals, mit der anderen füllt man Mais in den Trichter nach. Bis zu einem Kilo Mais kann auf diese Weise den großen Gänsen einverleibt werden und auf diese Weise erhält man die so genannte Stopfleber. Da die Gänse aber häufig großen Widerstand leisten, ist man in manchen Orten dazu übergegangen die kleineren, nicht so wehrhaften Enten zu mästen.

Die regionale Küche geht äußerst verschwenderisch mit Gänse- und Entenschmalz um und versieht ihre Gerichte mit einem unverkennbaren Siegel.

Im Périgord und dem Quercy finden abgerichtete Hunde und Schweine die kostbaren Trüffel. Sie erreichen auf den Tagesmärkten horrende Preise und sind für jeden Feinschmecker in den Monaten November bis März ein absolutes Muss. Die meisten Küchenchefs empfehlen eine einfache Zubereitung der kostbaren Erdpilze. Über schlichtem Rührei kommt das erdige Aroma der schwarzen Diamanten am Besten zur Geltung.

In Agen wachsen die schönsten Früchte. Feinstes Tafelobst gelangt von hier über den Markt in Rungis in alle Welt. Besonders die Pflaumen der Region gelten als qualitativ besonders hochwertig, sind sie doch fest im Fruchtfleisch und von unvergleichlichem Aroma.

Die Gascogne liefert den vollmundigen Armagnac, dessen Herstellung bis ins 17. Jahrhundert zurückgeht. Somit ist dieser kräftige Weinbrand um einiges älter als sein „großer Bruder" der Cognac. Die Weine für dieses Destillat kommen aus dem Departement Lotet-Garonne. Die Rebsorten Ungi Blanc, Folle Blanche und Colombard bilden die Basis des Armagnac.

Seine spezifische Färbung und den typischen Geschmack erhält der Armagnac erst im Eichenfass, wo er sich mit den Gerb- und Aromastoffen des Holzes verbindet. Nach der Reife werden verschiedene Jahrgänge zu einem Verschnitt zusammengeführt. Es ergibt sich ein harmonisches und homogenes Produkt, das dem Genießer zur wahren Freude gereicht.

DIE CHAMPAGNE UND DIE ARDENNEN

Die Champagne ist bekannt für ihren prickelnden, belebenden Wein, den schon immer ein Hauch Luxus umgab. Nur hier darf sich dieser moussierende Wein Champagner nennen. Auch heute noch veredelt er jedes Fest zu einem Höhepunkt. Seit dem 17. Jahrhundert fasziniert er die Menschen und sein spritziger Charme passt zu allen Gerichten. Wer es sich leisten kann, der serviert Champagner zusammen mit Kaviar. Bei einigen Speisen ist Champagner sogar das geschmackbestimmende Element.

Ein Champagner-Sorbet ist eine köstliche Erfrischung und sollte bei jeder üppigen Tafel in der Speisenfolge auftauchen.

Hirsch, Reh und Wildschwein liefern die köstlichsten Braten und Saucen der Ardenner Küche. Und schon lange ist man davon abgekommen, Wild tagelang in Marinaden einzulegen, damit es seinen Eigengeschmack verliert. Heute legt man Wert auf zartes, junges Wild, das kurz gebraten eine Delikatesse ist. Ein weiterer Gaumenkitzel sind die Wildpasteten, ebenso wie der Ardenner Schinken, der Jambon des Ardennes. Seine dunkelrote Farbe und sein unglaublicher Duft lassen so manchem Feinschmecker das Wasser im Munde zusammenlaufen.

Terrinen, Pasteten und andere Vorspeisen

Terrinen, Pasteten und andere Vorspeisen

Terrinen und Pasteten aus eigener Herstellung unterscheiden sich in Geschmack und Optik deutlich von den ewig gleichen Fertigprodukten. Die Begeisterung Ihrer Gäste wird Sie obendrein für Ihre Arbeit entschädigen. Die selbst gemachten Köstlichkeiten weisen zwar ähnliche Zutaten auf wie die Produkte, die Sie kaufen können, kommen aber völlig ohne ein Übermaß an chemischen Zusatzstoffen, Konservierungsmitteln und Stabilisatoren aus – eine befremdliche Rezeptur, die nicht wenige Fertig-Pasteten und -Terrinen kennzeichnet.
Die raffinierten kleinen Speisen sind zudem überall einsetzbar, ob als Vorspeise zu frischem Baguette, in Form einer Pastete im Teigmantel mit einem kleinen Salat als Hauptgericht oder zum Dessert als Früchteterrine, gekrönt durch ein Glas Champagner. Schöner können Sie ein Mahl kaum abrunden.
Da die meisten der Speisen schon einen oder mehrere Tage zuvor vorbereitet werden müssen, bleibt dem Gastgeber am Tag der Einladung auch noch Zeit für andere Dinge. Und Sie haben noch einen weiteren Vorteil: Terrinen, Pasteten und Co. sind tolle Resteverwerter. In ihnen verschwinden Braten- und Geflügelreste. So entstehen immer neue herrliche Kreationen.

Geflügelleber-Terrine

TERRINE DE FOIE DE VOLAILLES

FÜR 4 PERSONEN

200 g durchwachsener Speck
200 g Putenleber, gewaschen und geputzt
1 Ei
1 Eigelb
100 ml Crème fraîche
4 cl Madeira
1 Tl getrockneter Majoran, zwischen den Fingern zerrieben
3 El gehackte Petersilie
4 Schalotten, fein gewürfelt
2 Knoblauchzehen, gepresst
Salz
Schwarzer Pfeffer aus der Mühle
Butter für die Form
Preiselbeerkonfitüre und Baguette zum Servieren

Den Speck in kleine Würfel schneiden. Eine große Pfanne erhitzen, den Speck darin ausbraten. Er darf nicht zu kross werden. Im Speckfett die Leber von jeder Seite ca. 3-4 Minuten braten. Pfanneninhalt etwas abkühlen lassen, in einen Mixer füllen und zerkleinern. In eine Schüssel füllen und mit allen anderen Zutaten mischen. So lange rühren, bis eine homogene Masse entsteht. Eine feuerfeste Form ausbuttern und die Lebermasse einfüllen. Mit Alufolie abdecken. Die Fettpfanne auf der mittleren Schiene im Backofen mit warmem Wasser füllen und die Form einstellen. Den Ofen erst jetzt auf 150 °C erhitzen. Die Terrine ca. 1,5 Stunden backen. Kalt mit Preiselbeerkonfitüre und frischem Baguette servieren. Dazu passt ein kräftiger Rotwein von der Loire.

Pastete mit drei verschiedenen Fleischsorten

PÂTÉ DE CAMPAGNE

FÜR 4 PERSONEN

Für den Teig:

250 g Mehl
100 g Schweineschmalz
Salz
200 ml kaltes Wasser

Das Mehl auf die Arbeitsplatte sieben. In die Mitte eine Mulde drücken und die übrigen Zutaten zufügen. Schnell mit den Händen einen Teig kneten. Der Teig darf nicht zu weich werden. Zu einer Kugel formen und in Folie für 2 Stunden im Kühlschrank aufheben.

Für die Fleischfüllung:

150 g Lammfleisch, grob gewürfelt
150 g Rindfleisch, grob gewürfelt
150 g Schweinefleisch, grob gewürfelt
2 Zwiebeln, grob gewürfelt
4 El Kapern
1 El schwarze Oliven, gehackt
1 Ei
Salz
Schwarzer Pfeffer aus der Mühle
1 Msp. Cayennepfeffer
Butter für die Form
1 Eigelb

Fleisch, Zwiebeln, Kapern und Oliven in einen Mixer füllen und zerkleinern. Das Ei und die Gewürze zufügen und noch einmal aufmixen.
Den Teig ausrollen, mit 2/3 des Teiges eine gebutterte Auflaufform auslegen, mit einer Gabel mehrmals einstechen. Die Fleischmasse darauf verteilen und glatt streichen. Mit dem restlichen ausgerollten Teig bedecken. Die Ränder gut zusammendrücken und mit einer Gabel den Deckel mehrmals einstechen. Das Eigelb verrühren und damit die Pastete bepinseln.
Im auf 220 °C vorgeheizten Backofen 1 Stunde backen lassen. Dazu passen ein Salat und ein Glas Cabernet Sauvignon.

Fleischpastete

TOURTE À LA VIANDE

FÜR 6 PERSONEN

400 g Kalbsschulter
200 g Schweinerücken
Salz
Schwarzer Pfeffer aus der Mühle
½ Tl getrockneter Thymian
2 Eigelb

Für die Marinade:
½ l Rotwein
1 Möhre
2 Zwiebeln
2 Zweige Thymian
2 Lorbeerblätter
1 Bund Petersilie
Salz
Schwarzer Pfeffer aus der Mühle

Für den Mürbeteig:
(für eine Kuchenform von 20 cm Ø)
200 g Mehl
1 Tl Salz
100 g Butter
⅛ l Wasser

Das Fleisch mit Gemüse, Kräutern und Gewürzen in die Marinade legen und im Kühlschrank über Nacht aufbewahren.

Für den Mürbeteig Mehl, Salz und Butter mit den Händen zu einem Teig verarbeiten. Nach und nach das Wasser dazugeben. Den Teig kräftig durchkneten. Eine Kugel formen, flach drücken und wieder eine Kugel formen. Diesen Vorgang dreimal wiederholen. So wird der Teig besonders geschmeidig. Den Teig halbieren und mit einer Hälfte die ausgebutterte Kuchenform auslegen. Den Teig bis zum Rand hochziehen.

Das Fleisch aus der Marinade heben und durch die feine Scheibe vom Fleischwolf drehen. Marinade durch ein Sieb gießen und die Flüssigkeit auffangen.

Die Masse herzhaft mit Salz, schwarzem Pfeffer aus der Mühle und getrocknetem Thymian würzen. In die Form füllen. Den restlichen Teig ausrollen und als Deckel auf das Fleisch legen. In die Mitte ein Loch schneiden und einen Kamin aus Alufolie hineinstecken, damit die Backfeuchtigkeit abziehen kann. An den Rändern die Teigplatte andrücken. Mit etwas Wasser bepinseln. 1 Stunde im vorgeheizten Backofen bei 225 °C (Umluft nicht empfehlenswert) backen. Gegen Ende der Backzeit die beiden Eigelb verquirlen und mit ⅛ l der Marinade vermischen.

Durch den Kamin in die Fleischpastete gießen und weitere 8–10 Minuten backen. Noch heiß mit einem kühlen Rotwein servieren.

Eier im Förmchen

ŒUFS COCOTTE PASTOURELLE

FÜR 4 PERSONEN

250 g Champignons
2 Scheiben gekochter Schinken
1 El Butter
100 g Roquefort
4 El Crème fraîche
Salz
Weißer Pfeffer aus der Mühle
4 Eier

Die Champignons putzen und in feine Scheiben schneiden. Den Schinken würfeln, zusammen mit den Pilzen in der Butter in einer Pfanne braten, bis alle Feuchtigkeit verdampft ist. Etwas auskühlen lassen. Roquefort und Crème fraîche mit einer Gabel gründlich vermischen. Mit wenig Salz und reichlich Pfeffer würzen. Zur Pilz-Schinken-Masse geben und gut verrühren. Alles auf 4 Auflaufförmchen verteilen und je 1 Ei oben hineinschlagen. Die Förmchen in ein Wasserbad setzen und im vorgeheizten Backofen bei 220 °C 10 Minuten stocken lassen. Die Eier in den Förmchen servieren.

Schaumomelette mit Roquefort

OMELETTE SOUFFLÉE AU ROQUEFORT

FÜR 4 PERSONEN

8 Eier
100 g Roquefort
4 El Crème fraîche
2 El Butter
Weißer Pfeffer aus der Mühle

Die Eier trennen. Das Eiweiß sehr steif schlagen. Die Eigelbe mit Roquefort und Crème fraîche cremig aufschlagen und das Eiweiß darunter heben. Mit Pfeffer würzen.

Einen Teil der Butter in einer beschichteten Pfanne schmelzen. Teig für 1 Omelette einfüllen und warten, bis sich die Unterseite vom Pfannenboden löst. Es muss auf der Unterseite eine goldbraune Farbe haben. Omelette auf einen flachen Teller gleiten lassen, die Pfanne darüber stülpen, das Omelette wenden und die andere Seite backen. Dazu passen ein grüner Salat und ein Glas Weißwein.

Kalte Lachs-Mousse

MOUSSE FROIDE DE SAUMON

FÜR 8 PERSONEN

800 g Lachsfilet
1 Ei
1 Eigelb
100 g Crème fraîche
2 El Zitronensaft
Weißer Pfeffer aus der Mühle
3 El Butter
4 El Mehl
1/4 l Milch
Salz
Muskatnuss, frisch gerieben

Das Lachsfilet von Haut und Gräten befreien. In grobe Stücke schneiden und im Mixer mit Ei, Eigelb, Crème fraîche, Zitronensaft und Pfeffer luftig aufschlagen.

Die Butter in einem Topf schmelzen, das Mehl zufügen und bräunen lassen. Nach und nach die Milch angießen. Dabei ständig mit dem Schneebesen rühren, weil es sonst anbrennt. Es muss eine dickliche Soße entstehen. Mit Salz, Pfeffer und Muskatnuss würzen. Abgekühlt unter die Lachsmasse ziehen. Nochmals abschmecken. Alles in eine gebutterte Kastenform füllen und mit Alufolie abgedeckt bei 225 °C im Wasserbad im Backofen ca. 45 Minuten garen. In der Form über Nacht kalt stellen. Zum Servieren die Form stürzen und die Mousse in 2 cm dicke Scheiben schneiden. Auf grünem Salat mit einer Vinaigrette und frischem Baguette anrichten.

Rühreier mit Käse

ŒUFS BROUILLÉS AU FROMAGE

FÜR 6 PERSONEN

In dieser kleinen, aber gehaltvollen Vorspeise lassen sich sehr gut Käsereste verwerten.

8 Eier
Salz
Schwarzer Pfeffer aus der Mühle
2 El kaltes Wasser
1 El Butter
500 g verschiedene Käsesorten, gerieben oder in feine Stücke geschnitten
3 El Sahne
2 El Petersilie, frisch gehackt

Die Eier in einer Schüssel aufschlagen. Salz, Pfeffer und das Wasser zufügen, mit einem Schneebesen gründlich vermischen. Die Butter in einer beschichteten Pfanne schmelzen und den Käse bei kleiner Hitze schmelzen lassen. Dabei ständig mit einem Teflonspatel umwenden. Jetzt langsam die verquirlten Eier zugeben und vorsichtig mit dem Käse vermischen. Unter ständigem Rühren die Eier stocken lassen. Nun die Sahne darüber tröpfeln und unterrühren. Auf Tellern anrichten, mit Petersilie bestreuen und mit geröstetem Brot und Rotwein servieren.

Weinbergschnecken in Kräuterbutter

ESCARGOTS DE BOURGOGNE EN COQUILLE

FÜR 4 PERSONEN

4 Dutzend lebende Weinbergschnecken
250 g grobes Meersalz
250 ml Essig
½ Flasche weißer Burgunder
1 Zwiebel mit 1 Nelke gespickt
1 Möhre
1 Stange Staudensellerie
2 Zweige Thymian
2 Lorbeerblätter
1 Bund Petersilie
2 Knoblauchzehen
Salz
Schwarzer Pfeffer aus der Mühle

Für die Butter:
400 g Butter, zimmerwarm
4 El Petersilie, gehackt
1 Schalotte, fein gewürfelt
2 Knoblauchzehen, gepresst
Salz
Schwarzer Pfeffer aus der Mühle

Die lebenden Schnecken müssen 24 Stunden fasten. Danach werden sie für 30 Minuten in kochendes Salzwasser gegeben. Das Wasser abgießen und die Schnecken aus ihren Häusern lösen. Den schwarzen Darm entfernen. Anschließend für 10 Stunden in Salz und Essig einlegen, damit sich der Schleim löst. Wieder abwaschen. Die Schnecken in dreimal soviel Wasser, dem Wein, den Kräutern, Gewürzen und dem grob geputzten und geschnittenen Gemüse für 3 Stunden zugedeckt kochen. Die Schneckenhäuser in reichlich Salzwasser 30 Minuten kochen und alle Verschmutzung entfernen.
Für die Butter alle Zutaten mit der weichen Butter vermischen. In jedes Schneckenhaus ein Butterflöckchen geben, eine Schnecke leicht hineindrücken und mit Butter das Häuschen verschließen. In Schneckenförmchen füllen und im Backofen etwa 20–25 Minuten backen. Dazu passen frisches Baguette und ein kühler Weißwein.

TIPP
Die Schnecken kann man schon küchenfertig geputzt und die Häuschen schon fertig gereinigt kaufen. Die Schneckenbutter ist allerdings schnell gemacht und so köstlich, das man nicht auf ein Fertigprodukt zurückgreifen sollte.

Rote-Bete-Salat mit Walnüssen

SALADE DE BETTERAVES AUX NOIX

FÜR 6 PERSONEN

800 g Rote Bete
3 rote Zwiebeln, in feine Ringe geschnitten
1 Bund Petersilie, frisch gehackt
1 Bund Schnittlauch, in feine Röllchen geschnitten
80 g Walnüsse, grob gehackt
2 El Weißweinessig
2 El Aceto Balsamico
5 El Walnussöl
5 El Kürbiskernöl
Salz, Pfeffer
Grüne Salatblätter zum Servieren

Die Rote Bete in Salzwasser ungeschält 1 Stunde köcheln lassen. Mit kaltem Wasser abschrecken, schälen und in nicht zu kleine Würfel schneiden. Aus den anderen Zutaten eine Vinaigrette rühren und die noch lauwarme Rote Bete darin ziehen lassen. Salatteller mit grünen Salatblättern auslegen.
Die Rote Bete darauf anrichten und mit knusprigem Brot servieren.

Lothringer Speckkuchen

QUICHE LORRAINE

FÜR 4 PERSONEN

150 g Weizenmehl
Salz
5 El Butter
3 Eier
250 g trockene Erbsen zum Blindbacken
200 g magerer Räucherspeck, gewürfelt
1/8 l Crème fraîche
Schwarzer Pfeffer aus der Mühle
Muskatnuss, frisch gerieben
200 g Gruyère-Käse, gerieben

Das Mehl in eine Schüssel sieben und in die Mitte eine Mulde drücken. Eine gute Prise Salz, Butter und 1 Ei in die Vertiefung geben und gründlich mit dem Mehl vermischen. Den Teig zu einer Kugel formen, platt drücken und wieder zu einer Kugel formen. In Klarsichtfolie wickeln und im Kühlschrank wenigsten 2 Stunden ruhen lassen. Den Teig zwischen Klarsichtfolie ausrollen und in eine ausgebutterte Quicheform von 18 cm Ø legen. Die Erbsen einfüllen und im vorgeheizten Backofen bei 220 °C 10 Minuten blindbacken.
Die Erbsen danach wieder in ein Gefäß füllen. Sie können noch mehrmals zum Blindbacken, allerdings nicht mehr zum Kochen verwendet werden.
Die Speckwürfel in einer Pfanne leicht anrösten. Die restlichen Eier verquirlen und mit der Crème fraîche mischen. Mit Pfeffer und Muskat würzen. Salz nur sparsam verwenden, weil der Speck und auch der Käse gut gesalzen sind. Die Speckwürfel auf dem Teig verteilen, mit geriebenem Käse bestreuen und die Ei-Crème-fraîche-Mischung darüber gießen. Die Quiche wieder in den noch geheizten Backofen stellen und bei 220 °C etwa 25 Minuten backen, bis sie eine goldbraune Kruste hat.
Heiß serviert mit einem kühlen Weißwein ist diese Quiche Lorraine ein Gedicht.

Omelett mit Steinpilzen

OMELETT AUX CÈPES

FÜR 2 PERSONEN

2 große Steinpilze
4 El natives Olivenöl
Salz
Weißer Pfeffer aus der Mühle
4 Eier
2 El glatte Petersilie, gehackt

Die Steinpilze gründlich putzen und mit einer kleinen Bürste abbürsten. Möglichst nicht waschen. Die Pilze in nicht zu dünne Scheiben schneiden. In einer beschichteten Pfanne die Hälfte des Olivenöls erhitzen und die Steinpilze darin goldbraun braten. Mit Salz und Pfeffer bestreuen und aus der Pfanne heben. Im Backofen warm halten.

Die Eier aufschlagen, salzen und pfeffern. 1 El Öl in die Pfanne geben und die Hälfte der Eimasse in die Pfanne gießen. Mit gehackter Petersilie bestreuen und stocken lassen. Bevor das Omelett ganz durch gebacken ist, die Pfanne rütteln und etwas schräg halten. So schiebt sich das Omelett am Rand zusammen. Mit einem Löffel nachhelfen und einrollen. Das Omelett auf eine kleine vorgewärmte Platte stürzen. Die Pilzscheiben dazugeben und mit der restlichen Petersilie bestreut sofort servieren.

Gebratene Gänsestopfleber auf Artischocken

FOIE GRAS AUX ARTICHAUTS

FÜR 4 PERSONEN

1 frische Gänsestopfleber (ca. 300 g)
Salz
10 Artischockenherzen (Konserve)
1 Kopf Eichblattsalat
Weißer Pfeffer aus der Mühle
3 El Sherryessig
5 El Walnussöl
1 El Traubenkernöl
100 g Butterschmalz

Die Gänsestopfleber in 2 Stücke brechen. Die Häutchen und die innen sichtbaren Adern vorsichtig herausziehen. Die Leber darf dabei nicht in kleine Bröckchen zerfallen. Mit einem scharfen Messer etwa 1 cm dicke Scheiben von den Leberstücken schneiden. Wenig salzen.
Die Artischocken in einem Sieb abtropfen lassen. Die einzelnen Artischockenherzen in dicke Scheiben schneiden und in der Mitte einer Platte anrichten. Den gewaschenen Salat gut trockenschleuern und um die Artischocken legen.
Aus Salz, Pfeffer, Sherryessig und den Ölen ein Dressing rühren. Den Salat und die Artischocken damit beträufeln. Das Butterschmalz stark erhitzen und darin die Leberscheiben kurz von jeder Seite braten. Auf der Platte zu den Artischocken legen und mit heißem Bratfett beträufeln. Mit frisch gemahlenem weißem Pfeffer würzen und mit einem knusprigen Baguette noch warm servieren.

Langustencocktail mit rosa Mayonnaise

COCKTAIL DE LANGOUSTE À LA MAYONNAISE ROSE

FÜR 4 PERSONEN

Für das Fumé:
$^{1}/_{2}$ l Weißwein, trocken
1 Tasse Wasser
1 kleine Möhre, in Scheiben geschnitten
1 Zwiebel, in Ringe geschnitten
1 Bouquet garni (Kräutersträußchen)
1 Tl Pfefferkörner
Meersalz
1 Stück Sellerie, geschält und grob gewürfelt
2 rohe Langustenschwänze (etwa 250 g, TK)

Für die rosa Mayonnaise:
2 Eigelb
1 El Senf, mittelscharf
Salz
Weißer Pfeffer aus der Mühle
1 Tl weißer Balsamico
1 El Cognac
2 El Ketchup
1 Msp. Cayennepfeffer
$^{1}/_{4}$ l Pflanzenöl

4 große Eisbergsalatblätter
Einige Dillzweige

Aus Weißwein, Wasser, Gemüse, Kräutern und Gewürzen in etwa 45 Minuten einen Sud kochen und abkühlen lassen. Die aufgetauten Langustenschwänze in den Sud legen und bei starker Hitze ca. 8-10 Minuten kochen. In der Brühe abkühlen lassen.

Für die Mayonnaise alle Zutaten bis auf das Pflanzenöl in einen Rührbecher füllen und mit dem Stabmixer aufschlagen. Zum Schluss in einem dünnen Strahl das Pflanzenöl dazugießen. Kräftig aufschlagen und noch einmal abschmecken.

Die Langusten aus dem Sud heben und mit einer Schere am Bauch aufschneiden. Das Fleisch aus dem Panzer nehmen und aus den Mittelstücken 12 Scheiben schneiden. Das restliche Fleisch würfeln und unter die Mayonnaise rühren.

Die Eisbergsalatblätter waschen, trockentupfen und je 1 langstieliges Cocktailglas damit auslegen. In jedes Glas 3 Scheiben vom Langustenfleisch legen und mit einem Klecks rosa Mayonnaise versehen. Mit den Dillzweigen garnieren. Mit luftigem Baguette und einem kühlen Weißwein servieren.

Tatar von Edelfischen auf dem Zitronenbett

TATAR DE POISSON ET SA GARNITURE DE CITRON

FÜR 4 PERSONEN

200 g frisches Lachsfilet, ohne Gräten
200 g frisches Seezungenfilet
2 kleine Schalotten, fein gehackt
2 El Dill, frisch gehackt (einige Dillspitzen zum Garnieren zurückbehalten)
Weißer Pfeffer aus der Mühle
Salz
5 El natives Olivenöl
2 El weißer Balsamico
Gemischte Salatblätter (Kopf-, Frisée-, Lollo rosso-, und Radicchiosalat)
2 Zitronen, unbehandelt, in dünne Scheiben geschnitten
Saft von 1 großen Zitrone

Die Fischfilets waschen, trockentupfen und von allen Gräten befreien. Den Fisch in dünne Scheiben und diese dann mit einem großen Messer in feine Würfel schneiden. Das Tatar mit Schalotten, Dill, Pfeffer, Salz und 2 El Olivenöl vermischen. Zum Ziehen in den Kühlschrank stellen.
Aus dem restlichen Öl, Balsamico, Pfeffer und Salz eine Vinaigrette rühren. Flache Teller mit dem gewaschenen und gut getrockneten Salat auslegen und mit der Vinaigrette beträufeln. Aus je 6 Zitronenscheiben eine Blüte auf den Salat legen und mit einem Eisportionierer jeweils eine Kugel vom Tatar darauf setzen. Mit Dillspitzen garnieren. Den Zitronensaft separat dazu reichen und das Tatar damit beträufeln.

Suppen und Eintöpfe

Suppen und Eintöpfe

Kein Tag ohne Suppe! Diese Maxime gilt heute nicht mehr. Es ist schade, dass die Suppe ihren Stellenwert verloren hat. Als Dickmacher verschrien, verschwand sie einfach aus den Köpfen und somit aus den Töpfen. Dabei ist eine Zwiebelsuppe, die mit reichlich Käse goldgelb überbacken auf den Tisch kommt, etwas Wunderbares. Die liebten schon die Nachtschwärmer in den alten Markthallen von Paris. Auch die Muschelsuppe mit Safran, die mit zartem weißem Porree zubereitet wird, ist eine Delikatesse ersten Ranges. Und eine weitere Spezialität darf in der Aufzählung der Köstlichkeiten nicht fehlen: Der „Baeckeoffe". Dieser Eintopf erhielt seinen Namen, weil die elsässischen Hausfrauen am Waschtag ihren schon fertig eingeschichteten Eintopf zum Bäcker brachten, damit dieser ihn nach dem Brotbacken in den noch heißen Backofen schob. So bekam man nach langer Tagesmüh ein wohlschmeckendes, nahrhaftes Essen zur rechten Zeit auf den Tisch.

Überbackene Zwiebelsuppe

GRATINÉE DES HALLES

FÜR 4 PERSONEN

4 große Zwiebeln
25 g Butter
1 El Mehl
1/2 Glas trockener Weißwein
1,5 l Rinderbrühe
Salz
Schwarzer Pfeffer aus der Mühle
2 cl Portwein
4 Scheiben Toast ohne Rinde
100 g Greyerzer Käse, gerieben

Die Zwiebeln in feine Ringe schneiden. Im geschlossenen Topf bei geringer Hitze in der Butter schmoren. Wenn die Zwiebeln eine zarte Bräunung haben, mit Mehl bestäuben. Mit einem Holzlöffel umrühren, bis die Masse ganz leicht braun wird.

Mit Weißwein und Rinderbrühe aufgießen, mit Salz, Pfeffer und Portwein würzen und auf kleiner Flamme ca. 20 Minuten köcheln lassen.

Die Toastscheiben toasten. Die Suppe auf 4 feuerfeste Suppenschalen verteilen, das Brot auflegen und den Käse darüber streuen. Die Zwiebelsuppe unter dem Grill sehr schnell überbacken und noch heiß servieren.

Elsässischer Eintopf

BAECKEOFFE

FÜR 6 PERSONEN

500 g Schweinenacken, ohne Knochen
500 g Lammschulter, ohne Knochen
500 g Rindfleisch, falsches Filet
3 Zwiebeln, in feine Scheiben geschnitten
3 Knoblauchzehen, fein gehackt
3 Stangen Porree, nur das Weiße in feine Ringe geschnitten
1 Flasche Riesling
1 kg Kartoffel, geschält, in Scheiben geschnitten
1 Bouquet garni (je 2 Lorbeerblätter, Thymianzweige, Rosmarinzweige)
Salz
Schwarzer Pfeffer aus der Mühle

Alle Fleischsorten in etwa 5 cm große Würfel schneiden. Das Fleisch mit den Zwiebeln, Knoblauch und Porree in eine große Schüssel füllen. Mit dem Wein aufgießen, die Kräuter zufügen und über Nacht im Kühlschrank ziehen lassen. Den Backofen auf 190 °C vorheizen (Ober/Unterhitze). In einer großen Kasserolle mit einem gut schließenden Deckel 1/4 der Kartoffelscheiben auf dem Boden verteilen. Darauf eine Lage vom marinierten Fleisch und Gemüse geben. Mit Salz und Pfeffer würzen. Weitere Lagen einschichten und möglichst mit einer Lage Kartoffeln abschließen. Die Kasserolle fest verschließen und für 3 Stunden im Backofen garen. Der „Baeckeoffe" wird in der Kasserolle serviert. Dazu trinkt man den gleichen Riesling, den man zum Marinieren verwendet hat.

Erbsensuppe Saint-Germain

PURÉE SAINT-GERMAIN

FÜR 4 PERSONEN

250 g getrocknete grüne Erbsen
1 Zwiebel, in Streifen geschnitten
1 Möhre, gewürfelt
1 Petersilienwurzel, gewürfelt
1 Stange Lauch, in feine Ringe geschnitten
1 Tl getrockneter Majoran
Salz
Schwarzer Pfeffer aus der Mühle
2 Knoblauchzehen, zerdrückt
50 g Räucherspeck, in kleine Würfel geschnitten
⅛ l Milch
2 Scheiben Weißbrot ohne Rinde

Die Erbsen über Nacht in 1 ½ l Wasser quellen lassen und im Einweichwasser zum Kochen bringen. Zwiebel und Gemüse dazugeben und im geschlossenen Topf 1 ½ Stunden kochen lassen. Die Erbsensuppe durch ein Sieb streichen und wieder in den Topf füllen. Mit Majoran, Salz, Pfeffer und Knoblauch würzen. Eine beschichtete Pfanne erhitzen und darin den Speck knusprig ausbraten. Zusammen mit der Milch zur Suppe geben. Das Weißbrot würfeln und im verbleibenden Fett in der Pfanne goldbraun rösten.
Die Suppe in Tellern anrichten und mit den Brotwürfeln bestreut servieren.

Kartoffelsuppe

SOUPE AUX POMMES DE TERRE

FÜR 4 PERSONEN

2 Stangen Porree
300 g mehlig kochende Kartoffeln
1 l Gemüsebrühe
1 Zweig Thymian
1 Zweig Majoran
4 weiße Champignons
1 El getrocknete Steinpilze, in Wasser eingeweicht
2 El glatte Petersilie, gehackt
Schwarzer Pfeffer aus der Mühle
4 El Crème fraîche

Porree putzen und in feine Ringe schneiden. Die Kartoffeln schälen und in Wasser legen. Die Gemüsebrühe aufkochen. Porree, Thymian und Majoran dazugeben. Mit einer Küchenreibe die rohen Kartoffel in die Gemüsebrühe reiben. Im geschlossenen Topf etwa 8–10 Minuten köcheln lassen. Die Kartoffeln müssen weich, aber noch bissfest sein. Die geputzten Champignons feinblättrig schneiden, zur Suppe geben und darin 3 Minuten gar ziehen lassen. Die Steinpilze aus dem Wasser nehmen, ausdrücken, klein schneiden und zur Suppe geben. Etwas von der Steinpilzbrühe in die Suppe gießen. Mit gehackter Petersilie und Pfeffer abschmecken. Die Suppe auf Tellern anrichten und mit jeweils einem Esslöffel Crème fraîche garnieren.

METROPOLITAIN

Fischsuppe mit Knoblauchbaguette

BOUILLABAISSE

FÜR 4 PERSONEN

1 1/2 kg Weißfisch-Filets
(Barsch, Scholle, Seezunge, Hecht, Schellfisch)
100 ml Olivenöl
4 Knoblauchzehen, gehackt
1 Tl Safranfäden
1 Tl getrockneter Thymian
2 Zwiebeln, gewürfelt
1 1/2 kg Fischgräten, ohne Haut und Flossen
4 Tomaten, geschält, geviertelt, entkernt und gehackt
1 Bouquet garni (je 2 Lorbeerblätter, Thymianzweige, Petersilienstängel)
Je 1/4 Tl geriebene Orangenschale, gemahlener Fenchelsamen, getrocknetes Basilikum, getrockneter Oregano
2 Möhren, grob gehackt
2 Stangen Porree, in grobe Stücke geschnitten
Salz
Schwarzer Pfeffer aus der Mühle
1 1/2 l Wasser
1/2 l trockener Weißwein
1 kg Miesmuscheln
1 cl Pastis
1 Baguette, schräg in dünne Scheiben geschnitten
2 geschälte Knoblauchzehen

Die Fischfilets unter kaltem Wasser abwaschen und in mundgerechte Stücke schneiden. In eine Schüssel füllen und mit etwas Olivenöl, einer gehackten Knoblauchzehe, einigen Safranfäden und Thymian vermischen und für 1 Stunde im Kühlschrank marinieren.

Zwiebeln mit dem restlichen Knoblauch in etwa 4 Esslöffel Olivenöl anbraten. Fischgräten, Tomaten, Bouquet garni, alle Gewürze und das Gemüse in den Topf geben. Mit Salz und Pfeffer würzen und zugedeckt ca. 10 Minuten köcheln lassen. Mit dem Wasser und mit einem Glas Wein auffüllen. Wieder aufkochen lassen, die Hitze reduzieren und im offenen Topf weitere 30 Minuten köcheln lassen. Hin und wieder umrühren. Die Suppe vom Herd nehmen und mit dem Stabmixer einige Male aufrühren. Ein Sieb mit einem Passiertuch auslegen, auf einen Topf stellen und die Brühe durch das Sieb in den Topf gießen. Gräten und zerkochtes Gemüse entsorgen. Die Fischbrühe abschmecken und bei schwacher Hitze etwas einkochen lassen.

Die Miesmuscheln in die Brühe geben und so lange kochen, bis sich die Muscheln öffnen. Geschlossene Muscheln aussortieren und entsorgen. Nun die Fischstücke und den restlichen Wein in den Topf füllen und etwa 10 Minuten leise köcheln lassen. Mit Pastis, Salz und Pfeffer herzhaft abschmecken. Die Baguettescheiben rösten, mit Knoblauch einreiben und zur Suppe reichen.

Scharfe rote Mayonnaise

ROUILLE

FÜR 6 PERSONEN

1 rote Paprikaschote
5 El Fischsud
5 Safranfäden
1 Msp. Cayennepfeffer
1 Scheibe Weißbrot ohne Rinde
2 Knoblauchzehen, zerdrückt
2 Tl Dijonsenf
2 Eigelb
300 ml Olivenöl
Saft von 1 Zitrone
Salz
Schwarzer Pfeffer aus der Mühle
2 El glatte Petersilie, gehackt
1 El Tomatenmark
2 El Ketchup mit Chili

Die Paprikaschote halbieren, weiße Häute und Kerne entfernen. Unter dem Grill bei etwa 250 °C so lange grillen, bis die Haut schwarze Blasen wirft. Die Paprikahälften in einen Gefrierbeutel geben und darin abkühlen lassen. Jetzt lässt sich die Haut ganz leicht abziehen. Durch das Grillen hat die Paprika ein süßlich-herbes Aroma bekommen. Die Paprika klein schneiden und in ein Mixgefäß füllen.

Den Fischsud mit Safran und Cayennepfeffer vermischen und darin das Brot einweichen. Die zerdrückten Knoblauchzehen mit Senf und Eigelb dazugeben. Zum Paprika geben und alles mit dem Stabmixer zu einer glatten Paste aufschlagen. Nach und nach das Olivenöl zufügen. Wenn das ganze Olivenöl verarbeitet ist, salzen, pfeffern, Petersilie, Tomatenmark und Ketchup unterarbeiten.

Die Rouille ist ein Muss zur Bouillabaisse. Sie wird auf geröstetes Brot gestrichen. Die Brotscheibe wird in die Mitte des Tellers gelegt und darüber kommt die Suppe. So gibt die Rouille ihr volles Aroma an die Suppe ab.

Orientalische Gurkensuppe

SOUPE ORIENTALE

FÜR 4 PERSONEN

1 Salatgurke
Salz
1 Knoblauchzehe
3 El Pfefferminzblättchen
3 El Sellerieblätter
3 El Schnittlauch
1 Prise gemahlener Kreuzkümmel
3 Tropfen Tabasco
500 g Joghurt, 3,5 %, eisgekühlt
1 El Zitronensaft
Weißer Pfeffer aus der Mühle
Einige Eiswürfel

Die Gurke schälen, halbieren, entkernen und in feine Würfel schneiden. Mit Salz bestreut etwa 1 Stunde ziehen lassen. In ein Sieb füllen und mit kaltem Wasser abspülen. 2 Esslöffel Gurkenwürfel beiseite stellen.

Die Gurke mit allen anderen Zutaten in einen Mixer füllen und zu einer cremigen Suppe verarbeiten. Zum Schluss die Eiswürfel in den Mixer geben und die Suppe noch einmal aufschlagen. Abschmecken und in Suppenschalen füllen. Vier Suppentassen füllen, einige Gurkenstücke dazugeben und sofort servieren.

Diese Suppe ist eine wunderbare Erfrischung an einem heißen Sommertag.

Ochsenschwanzsuppe

SOUPE DE QUEUE DE BŒUF

FÜR 4 PERSONEN

1 Ochsenschwanz, in Scheiben geschnitten (1,5 kg)
Salz
Weißer Pfeffer aus der Mühle
1 Zwiebel
4 Gewürznelken
2 Knoblauchzehen
1 Bouquet garni (je 2 Lorbeerblätter, Thymianzweige, Petersilienstängel)
3 Stangen Porree, in dünne Scheiben geschnitten
3 Möhren, gewürfelt
3 Petersilienwurzeln, gewürfelt
1 Stange Bleichsellerie, gewürfelt
⅛ l Portwein oder Madeira
8 Scheiben Weißbrot, dünn geschnitten
Butter zum Bestreichen

Die Ochsenschwanzstücke in einen Topf geben. Mit Wasser bedecken und einmal aufkochen lassen. Das Wasser abgießen und etwa 2 l frisches Wasser angießen. Salzen und pfeffern. Die Zwiebel mit den Gewürznelken spicken, mit Knoblauch und dem Bouquet garni in den Topf geben. Für 2 ½ Stunden bei geschlossenem Deckel köcheln lassen. Nun das geputzte und gewürfelte Gemüse zufügen und weitere 30 Minuten kochen. 5 Minuten vor Ende der Garzeit den Portwein zufügen und unterrühren.

Fleisch und Gemüse aus dem Topf heben. Die Brühe in Tassen servieren und Fleisch und Gemüse separat dazu reichen.

Dazu schmecken Weißbrotscheiben, die mit Butter bestrichen unter dem Grill goldgelb geröstet werden.

Artischockencreme

SOUPE AUX ARTICHAUTS

FÜR 4 PERSONEN

6 Artischocken
½ Zitrone
2 Zwiebeln, fein gewürfelt
2 Knoblauchzehen, fein gehackt
1 Bund glatte Petersilie, fein gewiegt
800 ml Geflügelfond (Glas)
Salz
⅛ l Weißwein
200 g süße Sahne
Weißer Pfeffer aus der Mühle
Muskatnuss, frisch gerieben

Den Stiel aus den Artischocken brechen. Alle Blätter entfernen und den Bodenrand sauber abschneiden. Die hoch stehende Knospe um 2/3 kürzen und mit einem Melonenkugel-Ausstecher das Heu entfernen. Sofort mit Zitronensaft beträufeln, damit die Artischocken nicht braun werden. Die Artischockenböden würfeln und mit Zwiebeln, Knoblauch und ¾ der Petersilie in einen Topf füllen. Den Geflügelfond angießen und alles darin weich dünsten. Die Suppe mit einem Stabmixer im Topf zermusen und anschließend durch ein feines Haarsieb streichen. Die Suppe wieder in den Topf füllen, salzen, Weißwein und Sahne angießen und etwa 10 Minuten sämig einkochen lassen. Mit Pfeffer und Muskatnuss pikant abschmecken.
Die Cremesuppe auf 4 vorgewärmte Suppenschalen verteilen und mit der restlichen gehackten Petersilie bestreut servieren.

Kalte Lauchcremesuppe

POTAGE VICHYSOISSE

FÜR 4 PERSONEN

2 El Butter
300 g Porree, nur das Weiße, in feine Ringe geschnitten
300 g Kartoffeln, geschält und gewürfelt
1 ½ l Gemüsebrühe
Salz
Weißer Pfeffer aus der Mühle
1 Bouquet garni (je 2 Lorbeerblätter, Thymianstiele, Petersilienstiele)
250 g Crème fraîche
100 g Sahne
2 El Schnittlauch

In einem Topf die Butter zerlassen und die Porreeringe darin kurz andünsten. Kartoffeln zufügen und die Gemüsebrühe angießen. Salz, Pfeffer und das Bouquet garni zufügen.
Im geschlossenen Topf 35 Minuten auf kleiner Flamme köcheln. Das Bouquet garni entfernen, die Crème fraîche zufügen und die Suppe mit dem Stabmixer aufschäumen. Noch einmal mit Salz und Pfeffer pikant abschmecken. Auskühlen und anschließend im Kühlschrank mindestens 2 Stunden ziehen lassen. Die Sahne halbsteif schlagen. Die Suppe in Schalen anrichten. Jede Portion mit einem Esslöffel Sahne und mit Schnittlauchröllchen garnieren.

Gemischter Fleischtopf

POT-AU-FEU

FÜR 8 PERSONEN

1 1/2 Kilo Rindfleisch ohne Knochen
1 großes Suppenhuhn
3 große Scheiben Ochsenschwanz
Grobes Meersalz
5 Stangen Porree
5 Möhren
4 Petersilienwurzeln
5 Stangen Staudensellerie
2 Zwiebeln
2 Lorbeerblätter
10 Gewürznelken
5 Knoblauchzehen
800 g kleine Kartoffeln, geschält
1 El weißer Aceto Balsamico
200 ml Portwein

Einen großen Suppentopf mit 6-7 l Wasser füllen. Rindfleisch, Suppenhuhn und Ochsenschwanz kalt abwaschen und in den Topf legen. Mit Meersalz salzen und alles zum Kochen bringen. Mit einem Schaumlöffel den dabei entstehenden Schaum abschöpfen. Porree putzen, der Länge nach aufschneiden und unter fließendem kalten Wasser waschen und in Stücke schneiden. Möhren und die Petersilienwurzel schälen und halbieren. Die Selleriestangen von den harten Fäden befreien, waschen und in etwa 3 cm große Stücke schneiden. Die Zwiebeln schälen und jeweils mit einem tiefen Schnitt versehen. Dort hinein den Lorbeer schieben und anschließend die Zwiebeln mit den Gewürznelken spicken. Den Knoblauch schälen und in Stifte schneiden. Wenn die Suppe nach mehrmaligem Abschäumen klar ist, das Gemüse zum Fleisch in den Topf geben. Die Hitze so weit reduzieren, dass der Topfinhalt leise köchelt. Deckel auflegen und etwa 4 Stunden garen. 45 Minuten vor Ende der Garzeit die geschälten Kartoffeln in den Topf geben.

Zum Servieren alle Fleischsorten aus dem Topf heben, in Portionen schneiden und auf einer großen Platte anrichten. Das Gemüse ebenfalls aus dem Topf heben und kreisförmig um das Fleisch anordnen. Die Brühe noch einmal abschmecken, den Portwein angießen und in einer Suppenschüssel auf den Tisch stellen.

Jeder Tischgast nimmt vom Fleisch und vom Gemüse und füllt den Teller anschließend mit Brühe auf. Dazu werden kleine Pfeffergürkchen, Dijonsenf, grobes Meersalz und ein kräftiges Roggenbrot gereicht. Als Getränk eignet sich ein kräftiger Rotwein.

Provenzalische Knoblauchsuppe

AÏGO

FÜR 4 PERSONEN

250 g mehlig kochenden Kartoffeln, geschält und in kleine Würfel geschnitten
Salz
½ Tl gemahlener Kümmel
Schwarzer Pfeffer aus der Mühle
1 Tl getrockneter Majoran
5 Knoblauchzehen
1 El Butter
2 El gehackte Petersilie
4 dünne Scheiben Baguette, geröstet
2 El Olivenöl

Die Kartoffelwürfel in 1 ½ l Wasser mit Salz und Kümmel, Pfeffer und Majoran etwa 15 Minuten garen. Die Knoblauchzehen schälen und durch die Presse in die Suppe drücken. Die Butter in der Suppe schmelzen lassen und mit einem Kartoffelstampfer die Kartoffeln leicht zerstampfen, so dass die Suppe etwas andickt. Zum Schluss die Petersilie unter die Suppe ziehen.

Die gerösteten Baguettescheiben in tiefe Teller legen, mit Olivenöl beträufeln und mit der Suppe begießen. Möglichst heiß servieren.

Muschelsuppe mit Safran

SOUPE AUX MOULES À LA CRÈME ET AU SAFRAN

FÜR 4 PERSONEN

2 l Muscheln
1 Zwiebel
1 Glas trockener Weißwein
1 l Wasser
1 Bouquet garni
(je 2 Lorbeerblätter, Thymianzweige, Rosmarinzweige)
Salz
Weißer Pfeffer aus der Mühle
Das weiße von 2 Porreestangen, fein geschnitten
1 El Butter
1 Döschen Safran
50 g feine Suppennudeln
100 g Crème fraîche

Die Muscheln unter fließendem Wasser putzen und die Bartfäden abschneiden.

Aus Weißwein, Wasser, Bouquet garni, Salz und Pfeffer einen Sud bereiten und die Muscheln darin so lange kochen, bis sie sich öffnen. Die Muscheln aus dem Sud heben, ungeöffnete Muscheln wegwerfen. Den Sud durch eine Filtertüte gießen und so vom Sand befreien.

Den Porree in der Butter in einem geschlossenen Topf anschmoren. Er darf keine Farbe bekommen. Den Muschelsud angießen (mindestens 1 l). Zugedeckt ca. 5 Minuten kochen lassen. Den Safran mit den Suppennudeln in den Topf geben und weitere 5 Minuten kochen. Die Muscheln aus den Schalen lösen und mit der Crème fraîche in die Suppe geben. Umrühren, eventuell nochmals abschmecken und in Suppentassen servieren.

Avocadosuppe

VELOUTÉ D'AVOCAT

FÜR 4 PERSONEN

1 El Butter
2 Scheiben Weißbrot, ohne Rinde, gewürfelt
1 reife Avocado, (Reifetest: sie muss auf Druck etwas nachgeben)
1 El Zitronensaft
1 Eigelb
1 l Hühnerbouillon, selbst gemacht oder gekörnte Brühe
Salz
Weißer Pfeffer aus der Mühle

In einer beschichteten Pfanne die Butter erhitzen und die Weißbrotwürfel darin goldbraun anrösten.

Das Fruchtfleisch der Avocado mit einem Löffel auskratzen, mit Zitronensaft und Eigelb vermischen und im Mixer pürieren.

Die Hühnerbouillon zum Kochen bringen und die Avocadomasse langsam mit einem Schneebesen unter die Suppe rühren.

Mit Salz und Pfeffer abschmecken, in Suppenschalen füllen und mit dem Brotwürfeln bestreut servieren.

Gemüsesuppe mit Pistou

SOUPE AU PISTOU

FÜR 6 PERSONEN

3 kleine Möhren, in Würfel geschnitten
4 Kartoffeln, geschält und in Würfel geschnitten
4 Tomaten, geschält, geviertelt, entkernt und gehackt
300 g grüne Bohnen, geputzt, in Stücke geschnitten
2 Zwiebeln, gehackt
2 Knoblauchzehen, geschält
1 Stange Porree, nur das Weiße in feine Ringe geschnitten
2 Zucchini, in Würfel geschnitten
Salz
Schwarzer Pfeffer aus der Mühle
1 Bouquet garni (je 2 Lorbeerblätter, Thymianzweige, Petersilienstängel)
4 Knoblauchzehen, geschält
1 gute Handvoll Basilikumblätter
Schwarzer Pfeffer aus der Mühle
Salz
125 g frisch geriebener Greyerzer Käse
$^{1}/_{8}$ l natives Olivenöl

Möhren, Kartoffeln, Tomaten, Bohnen, Zwiebeln, Knoblauch, Porree und Zucchini in einen großen Topf füllen. Mit 1 $^{1}/_{2}$ l Wasser auffüllen. Salzen und pfeffern und das Bouquet garni zufügen. Alles einmal aufkochen und auf kleiner Flamme etwa 30 Minuten köcheln lassen.

Während die Suppe kocht, den Pistou zubereiten. Dafür Knoblauch, Basilikumblätter, Pfeffer und Salz in einem großen Mörser zerstoßen. Nach und nach Käse und Olivenöl zufügen und alles zu einer dickflüssigen Creme verarbeiten. Man kann den Pistou auch im Mixer herstellen. Da wird er aber leicht zu dünnflüssig.

Die Suppe nochmals abschmecken, auf Suppentassen verteilen und den Pistou separat dazu reichen. Mit frischem Baguette servieren.

YAMAHA
MO 817

MO 3071
MONACO

Kartoffeln

Kartoffeln

Eine französische Eigenart ist es, Kartoffeln mit unter der Kategorie Gemüse zu führen. Wir möchten der Kartoffel dennoch ein eigenes Kapitel widmen, denn gerade in Frankreich versteht man es, Kartoffeln vortrefflich zu verfeinern. Ob mit Knoblauch aromatisiert, mit Kräutern gewürzt oder mit feinem Käse überbacken: Sie sind so köstlich, dass sie ohne weiteres ein komplettes Gericht ergeben.

Kartoffelgratin

GRATIN DAUPHINOIS

FÜR 4 PERSONEN

1 kg Kartoffeln, mehlig kochend
1 Stange Porree
1 El Butter
100 g Greyer de Comté
Salz
Schwarzer Pfeffer aus der Mühle
Muskatnuss, frisch gerieben
200 g süße Sahne
Butterflöckchen

Die Kartoffeln schälen und auf der Haushaltsreibe in hauchdünne, feine Scheiben hobeln. Porree putzen, waschen gründlich trocknen. Das Weiße in feine, dünne Ringe schneiden. Eine Auflaufform gut ausbuttern. Als erste Lage Kartoffeln in die Form legen. Darauf eine dünne Schicht Porreeringe und etwas vom geriebenen Greyer geben. Salzen, pfeffern und etwas Muskat darüber reiben. So fortfahren und alle Zutaten aufbrauchen. Mit Kartoffelscheiben als letzte Schicht abschließen.

Die Sahne darüber gießen, mit Salz, Pfeffer, geriebener Muskatnuss würzen und kleine Butterflöckchen darüber geben. Im vorgeheizten Backofen bei 190 °C eine gute Stunde garen. Wenn das Gratin zu dunkel wird, mit Alufolie abdecken.

In der Form servieren.

Kartoffel-Sellerie-Püree

PURÉE AUX POMMES DE TERRE ET CÉLERI

FÜR 4 PERSONEN

700 g Kartoffeln, mehlig kochend
500 g Sellerieknolle
Etwa $^{3}/_{4}$ l Milch
Salz
Schwarzer Pfeffer aus der Mühle
2 El Butter

Kartoffeln und Sellerie schälen und möglichst klein würfeln. Waschen, in einen Topf füllen und mit so viel Milch begießen, bis alles knapp bedeckt ist. Salz, Pfeffer und 1 El Butter zufügen. Aufkochen und auf kleiner Flamme 15-18 Minuten köcheln lassen. (Achtung! Überkochgefahr!).

Die Milch in ein Gefäß gießen und auffangen. Die Kartoffel-Sellerie-Masse mit einem Stampfer nicht zu fein stampfen und von der Milch wieder so viel angießen, dass ein cremiges Püree entsteht. Mit Salz, Pfeffer und der restlichen Butter abschmecken und so heiß wie möglich servieren. Dieses Püree passt hervorragend zu Wild oder Rindfleisch.

Béchamelkartoffeln

POMMES DE TERRE „BÉCHAMEL"

FÜR 4 PERSONEN

750 g Kartoffeln
2 El Butter
50 g Schinkenspeck, fein gewürfelt
1 Zwiebel, fein gehackt
2 El Mehl
$^{1}/_{4}$ l Gemüse-Bouillon
$^{1}/_{4}$ l Sahne
Salz
Weißer Pfeffer aus der Mühle
2 El frischer Dill, gehackt

Die Kartoffeln ungeschält 25 Minuten kochen. In dieser Zeit die Butter in einer Pfanne schmelzen und darin die Schinkenspeckwürfel braun braten. Die gehackte Zwiebel zufügen und glasig werden lassen. Das Mehl darüber stäuben und anschwitzen. Bouillon und Sahne unter ständigem Rühren angießen und aufkochen lassen. Die Sauce mit Salz, Pfeffer und Dill abschmecken.

Die Kartoffeln noch heiß pellen, in dickere Scheiben schneiden und in eine Schüssel mit Deckel füllen. Die Sauce darüber gießen, kurz unterheben und sofort servieren.

Béchamel-Kartoffeln schmecken gut zu kurz gebratenem Fleisch.

Kartoffel-Champignon-Auflauf

POMMES DE TERRE AUX CHAMPIGNONS

FÜR 4 PERSONEN

1 El Öl
750 g Kartoffeln, in feine Scheiben geschnitten
250 g Champignons, feinblättrig geschnitten
Salz
Schwarzer Pfeffer aus der Mühle
2 El glatte Petersilie, gehackt
4 El Butter

Das Öl in einer ofenfesten Pfanne erhitzen. Eine Schicht Kartoffelscheiben darin anbraten. Eine Lage Champignons einfüllen. Mit Salz, Pfeffer und Petersilie würzen und mit 1 Tl Butterflöckchen besetzen. Immer so weiter einfüllen, bis alle Zutaten aufgebraucht sind. Eine Lage Kartoffeln sollte den Abschluss bilden. Die restliche Butter in einem Töpfchen schmelzen und über die Kartoffeln gießen. Die Pfanne in den auf 180 °C vorgeheizten Backofen schieben und 50 Minuten backen.
In der Pfanne servieren. Ein frischer, knackiger Salat ist die passende Ergänzung.

Kartoffelpastete

PATÉ DES POMMES DE TERRE

FÜR 4 PERSONEN

2 Rollen Blätterteig (TK)
1 kg Kartoffeln, in dünne Scheiben geschnitten
2 Zwiebeln, fein gehackt
3 Schalotten, in dünne Ringe geschnitten
2 Knoblauchzehen, fein gehackt
2 El glatte Petersilie, fein gehackt
Salz
Schwarzer Pfeffer aus der Mühle
1 Msp. Cayennepfeffer
1/4 l Sahne
4 El Butter
1 Eigelb

Die Blätterteigrollen ausbreiten. 1 Kreis mit etwa 20 cm Ø und 1 Kreis mit etwa 25 cm Ø ausschneiden. Mit dem größeren von beiden den Boden einer gebutterten Springform mit 20 cm Ø auslegen. Aus Kartoffeln, Zwiebeln, Schalotten, Knoblauch, Petersilie, Salz, Pfeffer, Cayennepfeffer und Sahne eine Mischung herstellen und auf dem Blätterteigboden verteilen. Die Butter in Flöckchen darüber verteilen. Den Teigdeckel auflegen und mit dem Rand des unteren Teiges fest zusammendrücken. In die Mitte des Deckels mit einem Messer ein kleines rundes Loch schneiden. Dadurch kann beim Garen Dampf austreten. Das Eigelb mit etwas Wasser glatt rühren und damit den Deckel bepinseln. Im auf 200 °C vorgeheizten Backofen 1 1/4 Stunde backen. Nach 30 Minuten die Hitze auf 180 °C herunterschalten. Die fertige Paté danach im Ofen 15 Minuten ruhen lassen. Wie eine Torte aufgeschnitten servieren.

TIPP
Wer möchte, kann unter die Füllung klein geschnittenen Schinken oder Wurst geben.

Ofenkartoffeln mit Knoblauch und Kräutern

POMMES DE TERRE AUX AIL ET HERBES

FÜR 4–6 PERSONEN

1 kg kleine Kartoffeln
500 g kleine Zwiebeln, geschält
6 El Olivenöl
1 Tl grobes Meersalz
Schwarzer Pfeffer aus der Mühle
12 Knoblauchzehen, ungeschält
Je 3 Zweige Thymian, Rosmarin, Lavendel
4 Salbeiblätter

Die Kartoffeln gründlich waschen und gut trockentupfen. Mit den geschälten Zwiebeln in eine tiefe Schüssel füllen. Olivenöl, Salz und Pfeffer zufügen und alles gut vermischen. Kartoffeln und Zwiebeln müssen komplett mit Olivenöl und Gewürzen überzogen sein. In einen feuerfesten Topf oder eine Form füllen. Die ungeschälten Knoblauchzehen dazwischen stecken. Die Kräuter darüber verteilen und im auf 200 °C vorgeheizten Backofen 1 Stunde backen. Je 1 Portion auf den Teller füllen. Die Knoblauchzehen aus der Schale drücken und auf die Kartoffeln streichen.

Diese gebackenen Ofenkartoffeln schmecken köstlich zu kleinen würzigen Lammkoteletts.

Gebratene Knoblauchkartoffeln

POMMES AU FOUR

FÜR 4 PERSONEN

1 1/2 kg ganz kleine Kartoffeln
500 g Zwiebeln
4 El Olivenöl
4 Knoblauchzehen, grob gehackt
Salz
Schwarzer Pfeffer aus der Mühle
3 El Thymianblättchen
3 El Basilikumblätter, fein gehackt

Die Kartoffeln gründlich waschen, trockentupfen und in Salzwasser 15 Minuten kochen. Abgießen und ausdämpfen lassen. Die Zwiebeln schälen und achteln.

Das Öl in einer großen Pfanne erhitzen. Darin Kartoffeln, Zwiebelstücke und den grob gehackten Knoblauch anbraten. Herzhaft mit Salz und Pfeffer würzen. Die Thymianblättchen darüber streuen und 30 Minuten bei kleiner Hitze brutzeln lassen. Zum Schluss die gehackten Basilikumblätter unterheben und servieren.

Diese Kartoffeln sind eine wunderbare Beilage zu Schweinekotelett.

Kartoffelpüree mit Käse

PURÉE ALIGOT

FÜR 4 PERSONEN

1 kg Kartoffeln
Salz
1 Knoblauchzehe, gepresst
500 g Cantal (Frischkäse), in feine, dünne Scheiben geschnitten
4 El Butter
100 g Crème fraîche

Die Kartoffeln gründlich waschen und ungeschält 30 Minuten in Salzwasser kochen. Abgießen und gut ausdämpfen lassen. Noch heiß schälen und sofort zu Püree stampfen. Den gepressten Knoblauch untermischen. Den dünn geschnittenen Käse mit Butter und Crème fraîche ganz schnell mit einem Holzlöffel unterarbeiten. Dabei muss der Topf bei kleiner Flamme auf der Herdplatte stehen bleiben. Wenn der Käse schmilzt und dabei Fäden zieht, ist das Püree fertig. Es muss ganz heiß serviert werden. Der feine Geschmack des Pürees passt wunderbar zu gebratener Entenbrust.

Strohkartoffeln

PAILLASSONS DE POMMES DE TERRE

FÜR 4 PERSONEN

800 g Kartoffeln
2 Eier
1 Eigelb
Salz
Weißer Pfeffer aus der Mühle
Muskatnuss, frisch gerieben
1 1/2 El Speisestärke
Öl zum Ausbacken

Die Kartoffeln schälen. Auf dem Gemüsehobel oder in der Küchenmaschine zu feinen Kartoffelstreifen schneiden. In kaltem Wasser waschen und gründlich abtrocknen. Es darf kein Wasser mehr an den Kartoffelstäbchen sein.
Eier, Eigelb, Salz, Pfeffer, Muskatnuss und Speisestärke gründlich vermischen. Die Kartoffelstäbchen in die Masse geben und gut unterheben.
Das Öl in einer Pfanne erhitzen. Je 2 Esslöffel Kartoffelmasse in das heiße Öl setzen und von beiden Seiten goldbraun ausbacken.
Einen Teller mit Küchenkrepp auslegen, darauf die fertig gebackenen Kartoffelküchlein entfetten und im Backofen warm stellen.
Reichen Sie dazu eine Crème fraîche, in die Sie viele frisch gehackte Kräuter gerührt haben. Wenn es etwas ganz Besonderes sein soll, servieren Sie dazu geräucherten Lachs und etwas Kaviar.

Käsepüree aus der Auvergne

LA TRUFFADE

FÜR 6 PERSONEN

1,5 kg Kartoffeln
2 El Öl
150 g fetter Speck (grüner Speck)
6 Knoblauchzehen
Salz
Weißer Pfeffer aus der Mühle
500 g junger Cantal (Frischkäse)

Die Kartoffeln schälen und in dünne Scheiben schneiden. Waschen und trockentupfen. Das Öl in einer großen schweren Pfanne erhitzen. Darin den in Streifen geschnittenen fetten Speck zu Grieben ausbraten. Den Knoblauch zufügen und anrösten. Grieben und Knoblauch aus der Pfanne heben. Die Kartoffelscheiben in die Pfanne füllen und kräftig salzen und pfeffern. Etwa 30 Minuten in der Pfanne dünsten. Sie sollen keine Farbe annehmen.

Den Cantal in schmale Stücke schneiden. Wenn die Kartoffeln gar sind, den Käse darüber verteilen. Mit einem Holzlöffel den Käse unter die Kartoffelscheiben mischen, bis er schmilzt und beginnt Fäden zu ziehen. Nun die Kartoffeln grob zerdrücken. Sie sollen sich gut mit dem Käse verbinden.

Dieses üppige Gericht ist köstlich und stark sättigend.

Ein frischer Salat und ein Glas Wein sollten es begleiten.

Gemüse

Gemüse

Gemüse ist schon lange mehr als nur eine Beilage und lässt sich in herrlichen Kreationen zubereiten. Gerade die französische Küche versteht sich darauf vorzüglich.
Versuchen Sie, möglichst mit frischen Produkten zu kochen und auf Dosenware zu verzichten. Tiefgekühltes Gemüse ist eine gute Alternative zu frischer Ware, da es durch schonende Verarbeitung und das schnelle Schockgefrieren alle Vitamine und Mineralien beibehält. Vorsicht ist bei Produkten geboten, die schon mehrere Tage in den Regalen der Geschäfte liegen. Bereits nach vier Tagen können Vitamine und Mineralien durch Licht, Luft und zu hohe Raumtemperatur verflogen sein. Kaufen Sie daher lieber alle zwei Tage frisch ein, damit die Ware nicht zu lange liegen bleibt und an Qualität einbüßt.

Gratinierter Fenchel

FENOUIL GRATINÉ

FÜR 4 PERSONEN

2 große Fenchelknollen
Salz
1 El Butter
Weißer Pfeffer aus der Mühle
150 g Gruyère de Comté, frisch gerieben

Den Fenchel putzen, das Fenchelgrün abschneiden, fein hacken und beiseite stellen. Die Fenchelknollen senkrecht halbieren. In reichlich Salzwasser 20 Minuten kochen. Aus dem Wasser heben und gut abtropfen lassen. 4 kleine Auflaufformen mit reichlich Butter auspinseln. Je eine Fenchelhälfte in die Form legen. Salzen, pfeffern und mit dem geriebenen Gruyère de Comté bestreuen. Im Backofen bei 200 °C ca. 10 Minuten überbacken. Der Käse muss zerlaufen und eine feine goldgelbe Farbe bekommen.
Die Auflaufförmchen auf passende Teller setzen, mit Fenchelgrün garnieren und heiß zu Tisch bringen.
Dieser kleine Fenchelgratin passt gut zu kurz gebratenem Fleisch.

Stangenbohnen mit Knoblauch

HARICOTS VERTS A L'AIL

FÜR 4 PERSONEN

250 g Stangenbohnen
Salz
2 Knoblauchzehen, fein gehackt
2 El Olivenöl
2 El glatte Petersilie, gehackt

Die Bohnen an beiden Enden abschneiden. In reichlich Salzwasser 10 bis 12 Minuten kochen. Sie müssen noch Biss haben. Das Wasser abgießen. Den Topf mit den abgegossenen Bohnen zum Ausdampfen wieder auf den Herd stellen. Eine gute Prise Salz, Knoblauch, Olivenöl und die Petersilie zu den Bohnen geben. Einen Deckel oder großen Teller auf den Topf legen und ihn kräftig rütteln. Dadurch verteilen sich die Zutaten besser um die Bohnen.

Statt der Petersilie können auch gehackte Basilikumblätter verwendet werden.

Provenzalisches Gemüse

RATATOUILLE

FÜR 4 PERSONEN

5 El Olivenöl
3 Zwiebeln, in grobe Würfel geschnitten
1 große Fenchelknolle, in grobe Stücke geschnitten
1 Stange Staudensellerie, entfädelt, in 3 cm lange Stücke geschnitten
2 Auberginen, gewürfelt
Je 2 rote, gelbe und grüne Paprikaschoten, entkernt, in Stücke geschnitten
4 Zucchini, in Scheiben geschnitten
5 Fleischtomaten, gehäutet, in Viertel geschnitten
5 Knoblauchzehen, grob gehackt
Salz
Schwarzer Pfeffer aus der Mühle
1 Msp. Cayennepfeffer
¼ l Tomatensaft
1 Prise Zucker
1 Bouquet garni (je 2 Zweige Bohnenkraut, Estragon, Majoran, Petersilie, Rosmarin, Thymian)

Das Olivenöl in einen großen Schmortopf geben und erhitzen. Zuerst die Zwiebeln in den Topf geben und andünsten. Es folgen Fenchel, Staudensellerie, Auberginen, Paprikaschoten, Zucchini und Fleischtomaten. Mit Knoblauch, reichlich Salz, Pfeffer und einer Messerspitze Cayenne würzen. Den Tomatensaft angießen. Eine Prise Zucker zufügen und den Topfinhalt vorsichtig, aber gründlich vermischen. Jetzt das Bouquet garni auf die Gemüsemischung legen und den Topf mit einem Deckel verschließen. Den Topf in den auf 180 °C vorgeheizten Backofen stellen und 1 Stunde darin garen. Das Bouquet garni entfernen und das Gemüse im Topf servieren.
Die Ratatouille passt wunderbar zu kurz gebratenem Fleisch. Sie schmeckt heiß oder lauwarm. Gut gekühlt und mit frischem Baguette ist sie eine erfrischende Köstlichkeit an heißen Sommertagen.

Provenzalische Artischocken

ARTICHAUTS DE PROVENCE

FÜR 4 PERSONEN

4 kleine Artischocken
2 El Zitronensaft
2 El Butter
Salz
Schwarzer Pfeffer aus der Mühle
2 El geräucherter Bauchspeck, fein gewürfelt
1 Zwiebel, fein gehackt
2 Tomaten, geschält, entkernt und grob gewürfelt
1/8 l trockener Weißwein

Die Artischocken waschen und die Blattspitzen mit einer Schere großzügig abschneiden. Senkrecht von oben nach unten halbieren. Kleine lila Blätter und Samenfäden entfernen. Die Schnittflächen sofort mit Zitronensaft einreiben.

Die Butter in einem Topf schmelzen und die Artischocken mit der Schnittfläche nach unten darin anbraten. Etwas salzen und pfeffern.

In einer anderen Pfanne den Speck glasig dünsten. Die Zwiebelwürfel zufügen und beides goldbraun werden lassen. Nun die Tomatenwürfel in die Pfanne geben, leicht salzen und reichlich pfeffern.

Die Artischocken mit der Zwiebel-Speck-Mischung füllen, in einen Topf setzen und den Weißwein angießen. Den Deckel auflegen und die Artischocken etwa 45 Minuten auf kleiner Flamme köcheln. Wenn der Wein zu schnell verkocht, in kleinen Mengen (esslöffelweise) noch Wein in den Topf füllen.

Rosenkohl in Buttersauce

CHOU DE BRUXELLES AU BEURRE BLANC

FÜR 4 PERSONEN

500 g Rosenkohl
Salz
3 Schalotten
¼ l Weißwein
Weißer Pfeffer aus der Mühle
250 g gesalzene Butter

Den Rosenkohl putzen, waschen, am Stielende kreuzförmig einschneiden und in reichlich Salzwasser etwa 20 Minuten kochen. Er soll noch Biss haben. Abgießen und gut abtropfen lassen.

Die Schalotten fein hacken, mit Weißwein und Pfeffer in einen Topf geben und bei starker Hitze einkochen. Es darf nur noch wenig (2 Esslöffel) Flüssigkeit im Topf sein. Jetzt stückweise die Butter zufügen und mit dem Schneebesen kräftig schlagen, bis eine weiße, glänzende Creme entsteht.

Den heißen Rosenkohl in eine Schüssel füllen und die Soße separat dazu servieren.

Geschmorte Kopfsalatherzen

LAITUES BRAISÉES

FÜR 4 PERSONEN

4 Kopfsalatherzen
Salz
2 El Butter
1 El getrocknetes Oregano
¼ l Gemüsebrühe
Weißer Pfeffer aus der Mühle
Beaufort (französischer Hartkäse)

Die äußeren großen harten Blätter vom Salat entfernen. In einem großen Topf reichlich Salzwasser zum Kochen bringen. Die Salatherzen darin etwa 5 Minuten blanchieren. Mit einem Schaumlöffel herausheben und in einer Schüssel mit kaltem Wasser und Eiswürfeln abschrecken. Die Salatherzen mit dem Strunk nach oben in eine Schale stellen, damit das restliche Wasser ablaufen kann. Mit einem Küchentuch das übrige Wasser abtupfen. Eine Auflaufform mit etwas Butter auspinseln. Die Salatköpfe hineinlegen und mit Butterflöckchen belegen. Das Oregano zwischen die Hände nehmen und über den Salatköpfen zerrebeln. Die Gemüsebrühe angießen, danach die Form locker mit Alufolie verschließen. In den auf 180 °C vorgeheizten Backofen schieben und ca. 25–30 Minuten backen. Die Salatherzen in der Form mit geriebenem Beaufort bestreut servieren.

Zucchini in Roquefortsauce

COURGETTES AU ROQUEFORT

FÜR 4 PERSONEN

4 mittelgroße Zucchini
2 El Butter
Salz
Schwarzer Pfeffer aus der Mühle
200 g süße Sahne
100 g Roquefort

Die Zucchini waschen und an beiden Enden abschneiden. Längs in 4 Teile schneiden. Die Butter in einer Pfanne erhitzen und darin die Zucchinistreifen von allen Seiten goldbraun braten. Mit Pfeffer und Salz würzen. Die Zucchini aus der Pfanne heben und warm stellen.

Den Bratensatz in der Pfanne mit der Sahne losköcheln. Stückchenweise den Roquefort dazugeben und mit dem Schneebesen unterrühren. Die Sahnemischung darf nicht kochen.

Die Zucchinistreifen auf vorgewärmten Tellern verteilen und mit der Roquefortsahne begießen. Dazu isst man frisches Baguette und trinkt einen kühlen Rosé.

Gefüllte Zwiebeln

OIGNONS PARISIENES

FÜR 4 PERSONEN

500 g Porree
2 El Butter
2 El geräucherter durchwachsener Speck, fein gewürfelt
200 g süße Sahne
2 Eier
Salz
Schwarzer Pfeffer aus der Mühle
Frisch geriebene Muskatnuss
150 g Gruyère de Comté, frisch gerieben
2 Gemüsezwiebeln (Metzgerzwiebeln)

Porree putzen, längs aufschneiden und unter fließendem kalten Wasser waschen. In längliche feine Ringe schneiden. Die Butter in einer Pfanne erhitzen, darin den Porree mit dem gewürfelten Speck andünsten. Mit der Sahne aufgießen und etwa 10–15 Minuten leise köcheln lassen. Die Pfanne vom Herd ziehen und abkühlen lassen. Die Eier trennen. Das Eigelb unter den Pfanneninhalt rühren, mit wenig Salz und herzhaft mit Pfeffer und Muskatnuss abschmecken. Den geriebenen Käse zufügen und gut vermischen.

Die Gemüsezwiebeln schälen und in Salzwasser 15 Minuten köcheln. Mit der Schaumkelle aus dem Wasser heben und in der dicken Mitte auseinander schneiden. Einen Teil des Zwiebelfleisches aushöhlen.

Eine Auflaufform mit etwas Butter auspinseln und die Zwiebelhälften hineinsetzen. Die Zwiebeln mit der Porree-Käsemasse füllen und im vorgeheizten Backofen bei 190 °C 30 Minuten backen.

Das Eiweiß mit einer Prise Salz sehr steif schlagen. Als Häubchen auf die gefüllten Zwiebeln setzen und weitere 5–7 Minuten im Backofen backen, bis das Häubchen eine goldbraune Farbe hat.

Paprika-Tomaten-Mus

PIPERADE

FÜR 4 PERSONEN

2 rote Paprikaschoten
200 g Strauchtomaten
3 Knoblauchzehen
1 große Zwiebel
1/8 l Olivenöl
Salz
Schwarzer Pfeffer aus der Mühle
1 Tl Rosmarinnadeln, fein gehackt
1 Tl Thymianblättchen, fein gehackt

Die Paprikaschoten waschen, halbieren und alle Kerne und weißen Häutchen entfernen. In Würfel schneiden. Die Tomaten in kochendem Wasser kurz blanchieren, häuten, halbieren und entkernen. Grob hacken. Knoblauchzehen und Zwiebel schälen, beides grob hacken. Das Olivenöl in einem Topf erhitzen und darin Knoblauch und Zwiebel anschwitzen. Paprika- und Tomatenwürfel zufügen, herzhaft mit Salz, Pfeffer, Rosmarin und Thymian würzen. Im offenen Topf das Gemüse bei mittlerer Hitze gute 20 Minuten köcheln lassen.

Die Piperade schmeckt zu allem kurz Gebratenen.

Glasierte Möhrchen

CAROTTES GLACÉES

FÜR 4 PERSONEN

1 Bund feine Bundmöhren
Salz
2 El Butter
Etwa 1 Tl Puderzucker aus dem Streuer
2 El glatte Petersilie, fein gehackt

Die Möhren schälen, halbieren und in wenig Wasser mit etwas Salz etwa 10 Minuten dünsten. Die Möhren in ein Sieb abgießen. Im gleichen Topf die Butter schmelzen und die gut abgetropften Möhren wieder zufügen. Die Butter muss alle Möhren umhüllen. Die Möhren mit Puderzucker bestreuen und damit glasieren. Zum Schluss die Petersilie über die Möhren geben und das Ganze heiß servieren.

Überbackener Chicorée

ENDIVES AU JAMBON GRATINÉES

FÜR 4 PERSONEN

4 Chicorée
5 El Butter
Salz
Schwarzer Pfeffer aus der Mühle
4 El Mehl
½ l Milch
Muskatnuss, frisch gerieben
150 g geriebener Gruyère de Comté
4 Scheiben gekochter Schinken
1 El glatte Petersilie, gehackt

Beim Chicorée das Wurzelende keilförmig herausschneiden. 2 Esslöffel Butter in einem Topf schmelzen. Den Chicorée in die Butter legen. Mit Salz und Pfeffer würzen und zugedeckt bei kleiner Hitze etwa 20 Minuten garen. In einem anderen Topf die restliche Butter erhitzen, das Mehl zufügen und eine Schwitze zubereiten. Unter ständigem Rühren nach und nach die Milch zugießen und etwa 5–8 Minuten bei kleiner Hitze köcheln lassen. Mit Salz, Pfeffer und frisch geriebenem Muskat würzen. 50 g des Gruyère de Comté in die Soße geben und unterrühren.

Eine Auflaufform leicht buttern. Den Chicorée aus dem Topf heben, gut abtropfen lassen, in je eine Scheibe gekochten Schinken wickeln und in die Form schichten. Die Soße darüber gießen und mit Käse bestreuen. Die Form in den auf 190 °C vorgeheizten Backofen stellen und etwa 25 Minuten überbacken.

Zum überbackenen Chicorée passt ein sahniges Kartoffelpüree.

Fisch und Schalentiere

Fisch und Schalentiere

Wir unterscheiden zwischen Süßwasser- und Salzwasserfischen. Unter den Süßwasserfischen tummeln sich Forelle, Karpfen, Hecht, Schleie, Aal, Lachs und Zander.
Die Hauptvertreter der Salzwasserfische sind Kabeljau (leider überfischt), Dorsch, Schellfisch, Seelachs, Rotbarsch, Makrele, Hering, Merlan, Seehecht und Thunfisch. Dazu kommen noch die Plattfische wie Seezunge, Flunder, Scholle und Rotzunge.
Für alle Fische und Schalentiere gilt: möglichst frisch zubereiten, keine lange Lagerzeit! Nach dem Kauf aus der Transportverpackung nehmen. Zur Lagerung im Kühlschrank in Folie wickeln und auf Eisstücken in einer Schale lagern.
Und für die Zubereitung gilt, die 3 großen „S" nicht vergessen: „Säubern, Säuern und Salzen".
Schalentiere, die lebend gekauft werden, bitte immer mit dem Kopf zuerst in kochendes Wasser geben. Das tötet die Tiere sofort. Muscheln, die sich beim Kochen nicht öffnen, unbedingt aussortieren. Sie können davon ausgehen, dass sie nicht mehr genießbar sind.

Miesmuscheln mit Mandeln

MOULES AUX AMANDES

FÜR 4 PERSONEN

2 kg Miesmuscheln (möglichst große)

Für die Füllung:
2 Knoblauchzehen, grob gehackt
2 El gehackte Petersilie
2 El weiche Butter
2 El Semmelbrösel
3 El Weißwein
100 g Mandeln, fein gehackt
Salz
Schwarzer Pfeffer aus der Mühle

Die Muscheln unter fließendem kalten Wasser reinigen und die Bärte entfernen. Triefend nass in einen hohen Topf mit Deckel geben und aufsetzen. Auf höchster Stufe garen. Durch den entstehenden Dampf öffnen sich die Muscheln und sind nach etwa 10 Minuten gar. Die Muscheln aus dem Topf nehmen und die obere Schale abbrechen. In eine Auflaufform setzen.
Knoblauch, Petersilie und Butter vermischen. Semmelbrösel in Weißwein einweichen. Nur so viel Wein verwenden, bis ein dicker Bröselbrei entsteht. Zur Knoblauchmischung geben und gut verrühren. Nach und nach die fein gehackten Mandeln unterrühren.
Auf jede Muschel etwas von der Mischung geben. Die Form in den auf 220 °C vorgeheizten Backofen schieben und 10 Minuten überbacken. Die Muscheln müssen sehr heiß gegessen werden. Dazu passen knuspriges Baguette und ein kühler Weißwein.

MOULIN ROUGE

DU
ULIN ROUGE

Barsch in buttriger Weißweinsauce

BAR BEURRE BLANC

FÜR 4 PERSONEN

Für den Kochsud:
2 l Wasser
½ l trockener Weißwein
1 Zwiebel
1 Möhre
1 Stück Sellerie
2 Lorbeerblätter
2 Thymianzweige
2 Petersilienstiele
Salz
Schwarzer Pfeffer aus der Mühle
1 Barsch, etwa 1,5 kg,
vom Fischhändler ausgenommen

1 Barsch, etwa 1,5 kg,
vom Fischhändler ausgenommen

Für die Weißweinsauce:
2 Schalotten, fein gewürfelt
100 ml trockener Weißwein
4 El Fischkochsud
250 g Butter, gewürfelt, eisgekühlt
Salz
Weißer Pfeffer aus der Mühle

Für den Sud am Vortag Wasser, Wein und alle anderen Zutaten in einen Fischtopf (mit Siebeinsatz) geben und etwa 20 Minuten kochen lassen. Anschließend den Sud vollständig auskühlen lassen.

Den gewaschenen Fisch auf das Sieb legen und im Sud zum Kochen bringen. Hitze ausschalten und den Fisch darin 10 Minuten gar ziehen lassen.

Während der Fisch gart, für die Sauce die Schalotten im Weißwein sieden lassen. Der Wein sollte fast verkocht sein, dabei dürfen die Schalotten aber keine Farbe nehmen. Vom Fischsud 4 El abnehmen und auf die Schalotten geben. Jetzt erst die Butter aus dem Tiefkühlfach holen und die Butterstücke nach und nach unter ständigem Rühren in die Sauce einarbeiten. Die Sauce sollte dicklich und cremig in der Konsistenz sein. Zum Schluss die Sauce mit Salz und weißem Pfeffer abschmecken.

Den Fisch aus dem Sud heben, filetieren und mit der Sauce begossen servieren.

Dazu passen ein trockner Weißwein und feine Butterkartoffeln mit Petersilie.

Kalter Seelachs mit Mayonnaise

COLIN FROID AU MAYONNAISE

FÜR 4-6 PERSONEN

Für die Mayonnaise:
2 Eigelb
Salz
Weißer Pfeffer aus der Mühle
2 Tl scharfer Senf
1/2 l Pflanzenöl
2 Tl weißer Balsamico

1 ganzer Seelachs (1,5 kg)
1 Kopf Salat

Für den Kochsud:
2 l Wasser
1/4 l trockener Weißwein
1 Zwiebel
2 Lorbeerblätter
2 Thymianzweige
2 Petersilienstängel
1 Gewürznelke
Salz
Schwarzer Pfeffer aus der Mühle

Für die Mayonnaise in einem Rührbecher Eigelb, Salz, Pfeffer und Senf mit dem Stabmixer zu einer homogenen Masse aufschlagen. Nach und nach das Öl dazugeben und anschließend mit dem Balsamico abschmecken. Die Mayonnaise im Kühlschrank aufbewahren.

Wasser, Wein und die übrigen Zutaten in einen Fischtopf geben und etwa 20 Minuten kochen. Danach gut auskühlen lassen.

Den gesäuberten Fisch auf das Sieb legen und im Sud langsam erwärmen. Kurz vor dem Kochen vom Herd nehmen und im Sud erkalten lassen.

Den Fisch aus dem Fischtopf heben, mit einem Messer vorsichtig die Haut entfernen und in Portionsstücke schneiden. Den Salat in Blätter teilen, waschen, gut trockentupfen, auf Teller verteilen und den portionierten Fisch darauf anrichten. Zu jeder Portion einen Esslöffel Mayonnaise geben. Die restliche Mayonnaise separat dazu reichen.

Mit frischem Weißbrot und kühlem Weißwein servieren.

Jakobsmuscheln provenzalische Art

COQUILLES SAINT-JACQUES À LA PROVENÇALE

FÜR 4 PERSONEN

20 Jakobsmuscheln (ohne Schale)
1 El Mehl
2 El Butter
1 El Olivenöl
1 Knoblauchzehe, fein gehackt
1 kleine Schalotte, fein gehackt
2 El glatte Petersilie, fein gehackt
Salz
Weißer Pfeffer aus der Mühle
Saft von 1 Zitrone

Die Muscheln unter kaltem Wasser waschen, gut trockentupfen. Auf einen Teller legen und mit dem Mehl bestäuben.
In einer Pfanne Butter und Olivenöl erhitzen und darin den Knoblauch, die Schalotte sowie Petersilie anschwitzen. Die Jakobsmuscheln hinzufügen und beidseitig garen, bis sie sich verfärben. Mit Salz und Pfeffer würzen. Auf Tellern anrichten und vor dem Servieren mit Zitronensaft beträufeln.
Mit frischem Baguette und einem perlenden Cidre genießen.

Lachsfilet in Sherryrahm

FILETS DE SAUMON À LA CRÈME

FÜR 4 PERSONEN

600 g Lachsfilet
Saft von 1 Zitrone
Salz
Weißer Pfeffer aus der Mühle
2 El Butter
2 Schalotten, fein gehackt
4 cl Sherry
1/8 l Fischfond (aus dem Glas)
200 g Crème fraîche
100 g süße Sahne

Das Lachsfilet waschen, trockentupfen und mit einem scharfen, dünnen Messer von der Haut lösen. Schräg in 1 cm dicke Scheiben schneiden und mit Zitronensaft beträufeln. Eine Auflaufform mit etwas Butter ausstreichen und die Lachsscheiben hineinlegen. Anschließend Salz und Pfeffer über die Fischstücke geben. Die restliche Butter in einer Pfanne erhitzen, darin die Schalotten andünsten. Mit Sherry und Fischfond ablöschen und etwas einkochen lassen. Die Crème fraîche unterrühren, kurz aufkochen und die Pfanne danach vom Herd nehmen. Die süße Sahne nicht ganz steif schlagen und unter den Pfanneninhalt ziehen. Die Sauce über die Lachsscheiben gießen und im auf 220 °C vorgeheizten Backofen 10 Minuten überbacken. Sofort in der heißen Form servieren.
Dazu passen feine Bandnudeln und ein mit Muskat gewürzter Blattspinat.

Lachssoufflé nach französischer Art

SOUFFLÉ AUX SAUMON À LA PARISIENNE

FÜR 6 PERSONEN

300 g Lachsfilet
3 Scheiben geräucherter Lachs, fein gewürfelt
Saft von 1 Zitrone
150 g frische Champignons
4 El Butter
2 El Mehl
100 ml süße Sahne
125 ml Weißwein
2 Eier
2 Bund Dill, fein gehackt
Weißer Pfeffer aus der Mühle

Das Lachsfilet und den geräucherten Lachs in feine Würfel schneiden. Mit etwas Zitronensaft beträufeln und beiseite stellen. Danach die Champignons fein hacken.

Die Butter in einem Topf schmelzen und darin das Mehl etwas anschwitzen. Nach und nach mit Sahne und Weißwein aufgießen. Sobald die Sauce eingedickt ist, den Topf vom Herd nehmen und abkühlen lassen.

Anschließend die Eier trennen, das Eiweiß zu Schnee schlagen und die Eigelbe mit 1 Esslöffel Wasser verrührenn.

Alle vorbreiteten Zutaten unter die Mehlschwitze ziehen und gut vermischen. Mit Dill, Pfeffer und Zitronensaft abschmecken.

Souffléförmchen mit Butter ausstreichen und die Masse gleichmäßig auf die Förmchen verteilen. Im auf 180 °C vorgeheizten Backofen auf der untersten Schiene 20 Minuten backen. Die Backofentür vorsichtig öffnen, die Förmchen herausnehmen und sofort servieren.

Dazu schmecken geröstete Baguettescheiben, die vorher mit Knoblauch eingerieben wurden.

Ein Glas Weißwein rundet das Gericht ab.

Lachs- und Steinbutt-Tatar mit gebackenen Austern

TATAR DE SAUMON ET TURBOT AUX HUÎTRES

FÜR 4 PERSONEN

200 g frisches Lachsfilet
100 g frisches Steinbuttfilet
1 Tl Frühlingszwiebeln, fein gehackt
Salz
Weißer Pfeffer aus der Mühle
Saft von 1 Zitrone
3 El natives Olivenöl

Für die Vinaigrette:
2 Tl Zitronensaft
1 Tl weißer Balsamico
Salz
Weißer Pfeffer aus der Mühle
2 El Fischfond (aus dem Glas)
1 Tl Koriander, gehackt
1 Tl Basilikumblätter, gehackt

4 Austern
1 Ei, verquirlt
2 El Semmelbrösel
Öl zum Braten

Lachs- und Steinbuttfilet in sehr kleine Würfel schneiden. Mit der gehackten Frühlingszwiebel vermischen, mit Salz, Pfeffer, 2 El Zitronensaft und 1 El Olivenöl vermengen. Im Kühlschrank etwa 30 Minuten ruhen lassen.

2 Tl Zitronensaft, Balsamico, Salz und Pfeffer mit dem restlichen Olivenöl verrühren. Den Fischfond angießen. Koriander und Basilikum hinzufügen und unterheben.

Mit einem Austernbrecher die Austern öffnen. Die austretende Flüssigkeit auffangen und zur Vinaigrette geben. Austernfleisch aus den Schalen lösen und zunächst im verquirlten Ei, dann in den Semmelbröseln wenden.

Das Fischtatar aus dem Kühlschrank nehmen und daraus 4 Klöße formen. Flach drücken und in einer Pfanne mit heißen Öl von beiden Seiten je 1 Minute braten. Die Austern ebenfalls kurz in der Pfanne von beiden Seiten braten.

Die Tatartaler auf Tellern anrichten und mit je 1 Auster belegen. Zum Schluss mit der Vinaigrette beträufelt servieren.

Gegrillte Goldbrassenfilets mit Estragon

FILETS DE DORADE GRILLÉS À L'ESTRAGON

FÜR 4 PERSONEN

4 Goldbrassenfilets, je 150 g
1 El getrocknetes Estragon
5 El Öl
1 Knoblauchzehe, in feine Scheiben geschnitten
1 El Zitrone

Die Fischfilets in eine Schale legen. Aus den übrigen Zutaten eine Marinade rühren und die Fischfilets darin 2 Stunden einlegen. 4 Stücke Alufolie mit der Marinade einpinseln und die Fischfilets darauf verteilen. Anschließend die Kanten der Folie etwas nach oben biegen und den Fisch unter dem heißen Grill von jeder Seite 6–8 Minuten grillen. Benutzen Sie zum Wenden der Filets einen Pfannenwender, denn sie zerfallen sehr leicht.

Dazu passen gegrillte Champignons und ein kühler Weißwein.

Gegrillter Steinbutt mit Sauce Béarnaise

TURBOT GRILLÉ BÉARNAISE

FÜR 4 PERSONEN

4 Steinbuttfilets, je 200 g
2 El Olivenöl
Salz
Weißer Pfeffer aus der Mühle

Für die Sauce Béarnaise:
2 Schalotten, fein gehackt
3 El frischer Estragon, fein gehackt
3 El weißer Balsamico
2 Eigelb
Salz
Weißer Pfeffer aus der Mühle
100 g Butter, in Stückchen geteilt

Die Steinbuttfilets von beiden Seiten mit Olivenöl bestreichen, danach salzen und pfeffern.

Den Fisch in eine Grillschale aus Alu legen und im Backofen etwa 10 Minuten auf jeder Seite grillen.

Die gehackten Schalotten mit Estragon und dem Balsamico in einen kleinen Topf mit starkem Boden geben. Auf kleiner Flamme einige Minuten köcheln lassen, bis die Flüssigkeit fast verdampft ist. Gut abkühlen lassen. Nun Eigelb, Wasser, Salz und Pfeffer zufügen. Bei schwacher Hitze wieder auf den Herd stellen. Kräftig mit dem Schneebesen schlagen, bis die Masse etwas eingedickt ist. Anschließend den Topf vom Herd nehmen. Nun nach und nach die Butter einarbeiten.

Die gegrillten Fischfilets auf Tellern anrichten und zusammen mit der Sauce servieren.

Aalragout mit Weißwein

FRICASSÉE D'ANGUILLES AU VIN BLANC

FÜR 6 PERSONEN

130 g geräucherter Schinken, gewürfelt
140 g Butter
2 El Pflanzenöl
150 g kleine Creme-Champignons
130 g Perlzwiebeln, geschält
Salz
2 Tl Zucker
2 El Wasser
1 kg Aal, vom Fischhändler ausgenommen und enthäutet
1 El Mehl
1 Flasche trockener Weißwein
1 l Fischbouillon (aus dem Glas)
200 g Crème fraîche
1 Msp. Cayennepfeffer

Die Schinkenwürfel in kochendem Wasser 2 Minuten blanchieren. Durch ein Sieb abgießen. Die Schinkenwürfel gut trockentupfen, in eine beschichtete Pfanne geben und bei mittlerer Hitze langsam rösten. Anschließend die Pfanne beiseite stellen.
Das Speckfett aus der Pfanne wischen und darin je 1 Esslöffel Butter und Öl erhitzen. In dem Fett die Champignons so lange dünsten, bis alle Feuchtigkeit verdunstet ist und sie eine braune Farbe angenommen haben.
In einer anderen Pfanne 1 El Butter mit dem restlichen Öl erhitzen. Die Perlzwiebeln dazugeben, salzen, mit Zucker bestreuen sowie dem Wasser beträufeln und in der Pfanne leicht karamellisieren. Sollten die Zwiebelchen zu braun werden, noch einige Tropfen Wasser hinzufügen. Die Pfanne gelegentlich rütteln, damit die Zwiebel von allen Seiten gleichmäßig bräunen, danach die Pfanne beiseite stellen.
Die Aale unter fließendem Wasser säubern, trockentupfen und in etwa 5 cm lange Stücke schneiden. In einer Pfanne die restliche Butter erhitzen und darin die Fischstücke von beiden Seiten braun anbraten. Den Fisch aus der Pfanne heben und mit Mehl bestäuben. Das Bratfett weggießen und den Aal wieder in die Pfanne geben, Wein und Fischfond angießen. Darin die Fischstücke etwa 12–15 Minuten leise köcheln. Den Fisch aus dem Sud heben und warm stellen. Die Flüssigkeit um die Hälfte einkochen, die Crème fraîche einrühren und mit Cayennepfeffer würzen. Zuletzt Aalstücke, Schinkenwürfel, Champignons und karamellisierte Zwiebelchen wieder in die Pfanne geben und alles zusammen erhitzen.
Mit kleinen Salzkartoffeln servieren.

Rouladen von Seezungenfilets

FILETS DE SOLE EN PAUPIETTES

FÜR 4 PERSONEN

9 Seezungenfilets
2 El Krabben, geschält in der Lake
2 El Crème fraîche
1 Eiweiß
Salz
Weißer Pfeffer aus der Mühle
200 g Creme-Champignons
1/8 l trockner Weißwein
1 Tl Mehl
1 El Butter

Die Krabben mit 1 Seezungenfilet im Cutter zerkleinern. Mit 1 Esslöffel Crème fraîche, Eiweiß, Salz und Pfeffer vermischen.

Die restlichen Seezungenfilets mit dieser Paste bestreichen, einrollen und festbinden. Von außen salzen und pfeffern.

Die Champignons putzen und in feine Scheiben schneiden. Eine feuerfeste Form mit den Champignons auslegen, darauf die Filetröllchen verteilen und mit Weißwein begießen. Die Form mit Alufolie bedecken und im auf 210 °C vorgeheizten Backofen 20 Minuten garen.

Pilzscheiben und Seezungenröllchen auf einer vorgewärmten Platte anrichten. Aus Mehl und Butter eine Paste rühren, stückchenweise in den Kochsud geben und damit binden. Die restliche Crème fraîche zufügen, unterrühren und über die Seezungenröllchen gießen.

Dazu passt ein mit Muskat gewürzter Blattspinat.

Geflügel

Geflügel

In Frankreich liebt man Geflügel über alles. Natürlich und im Freien aufgewachsenes Geflügel wird bevorzugt und hat einen ganz besonderen Geschmack. Das Fleisch dieser Tiere ist fest und mager und lässt sich ausgezeichnet verarbeiten.
Ein einziges Huhn kann ein komplettes Menü ergeben: Die Innereien werden gebraten und mit einem Salat zu einer köstlichen Vorspeise. Das Huhn ergibt gekocht eine wunderbare Suppe, die nicht nur den Magen, sondern auch das Herz erfreut. Aus dem Fleisch lässt sich ein leckeres Ragout zaubern, das mit frischen Beilagen den Hauptgang stellt.
Achten Sie beim Kauf auf Frische und Qualität. Geflügel aus Massentierhaltung kann Ihren Gaumen nicht erfreuen. Kaufen Sie nur Geflügel, das in Bodenhaltung groß geworden ist und mit Körnern gefüttert wurde. Sie werden den Unterschied im Geschmack deutlich merken.

Huhn in Weißwein

COQ AU VIN

FÜR 4 PERSONEN

1 Hähnchen mit Leber (ca. 1,5 kg)
Grobes Meersalz, im Mörser zerstoßen
Schwarzer Pfeffer aus der Mühle
4 El Butter
100 g magerer geräucherter Speck, gewürfelt
1 Stange Porree, in feine Ringe geschnitten
1 Bund Frühlingszwiebeln, in feine Ringe geschnitten
1 Möhre, geschält, in Scheiben geschnitten
3 Knoblauchzehen, grob gehackt
1 Bouquet garni (je 2 Thymian-, Rosmarin-, Salbeizweige, Lorbeerblätter)
1 Flasche Weißwein
200 g kleine weiße Champignons
1 El Mehl
2 cl Cognac
2–3 El glatte Petersilie, gehackt

Das Huhn unter fließendem kalten Wasser waschen. Gut trockentupfen. Mit einem scharfen Messer in 6–8 Teile schneiden. Mit Salz und Pfeffer würzen. Die Butter in einer großen Pfanne schmelzen und darin die Geflügelteile goldbraun braten. Speck, Gemüse und das Bouquet garni mit in die Pfanne geben und mit Weißwein auffüllen. Bei mittlerer Hitze etwa 45 Minuten schmoren lassen. Die geputzten Champignons dazugeben, unterheben und noch mal aufkochen. Die Hühnerleber mit einem scharfen Messer fein hacken, mit dem Mehl vermischen und den Cognac zufügen. Damit die Sauce binden. Zum Servieren auf einer Platte anrichten und mit der Petersilie bestreuen.
Dazu passen ein körniger Reis und natürlich derselbe Weißwein, der zum Kochen verwendet wurde.

Karamellisierte Entenbrustfilets mit Lavendelhonig

CANETTE LAQUÉE AU MIEL DE LAVANDE

FÜR 4 PERSONEN

2 Entenbrustfilets
Salz
Schwarzer Pfeffer aus der Mühle
4 El Lavendelhonig
1/2 l Geflügelfond
1 Bouquet garni (je 2 Thymianzweige, Rosmarinzweige, Lorbeerblätter)

Die Entenbrüste putzen, von Häutchen und Sehnen befreien. Die Hautseite rautenförmig einschneiden. Salzen und pfeffern und die Hautseite dick mit Lavendelhonig bepinseln. Eine ofenfeste Pfanne erhitzen und die Entenbrustfilets mit der Hautseite nach unten in etwa 5 Minuten darin karamellisieren. Die Pfanne mit den Filets in den auf 190 °C vorgeheizten Backofen stellen und weitere 5-8 Minuten braten. Das Fleisch aus der Pfanne heben, in Alufolie wickeln und wieder in den Ofen auf ein Gitter legen. Den Ofen ausschalten und die Entenbrüste 10 Minuten ruhen lassen, damit sich der Fleischsaft wieder verteilen kann.
Die Pfanne wieder auf den Herd setzen, die Geflügelbrühe angießen und mit dem Bouquet garni den Bratensatz loskochen. Bei starker Hitze den Fond reduzieren, nochmals pfeffern und salzen.
Die Entenbrustfilets schräg in längliche Scheiben schneiden und auf einer vorgewärmten Platte anrichten. Den ausgetretenen Fleischsaft in die Sauce geben, unterrühren und die Sauce auf den Filetstreifen verteilen. Mit frischem Baguette servieren.
Eine wunderbare geschmackliche Ergänzung sind geschmorte Tomaten, die mit etwas Balsamico verfeinert werden.

Orangen-Ente

CANARD À L'ORANGE

FÜR 4 PERSONEN

1 Barbarie-Ente (2,3 kg)
Salz
Weißer Pfeffer aus der Mühle
5 El Butter
200 ml Grand Marnier (Orangenlikör)
6 Orangen (davon 1 unbehandelt)
200 g Crème fraîche
1 Tl gekörnte Instant-Brühe
1 El weißer Balsamico
1 El Zucker

Die Ente waschen, gründlich trockentupfen, innen und außen salzen und pfeffern. Mit einem spitzen Messer die Haut an der Brust und an den Keulen mehrmals einstechen. Die Flügel auf dem Rücken feststecken. Die Bauchhöhle mit Holzspießchen verschließen. Die Hälfte der Butter in einem Bräter schmelzen und die Ente mit der Brustseite nach unten in den Bräter legen. Die restliche Butter auf den Rücken geben. Im vorgeheizten Backofen bei 200 °C etwa 30 Minuten braten. Immer wieder die Ente mit der geschmolzenen Butter beträufeln. Ente auf den Rücken legen und mit dem Orangenlikör übergießen. Weitere 30 Minuten braten. In dieser Zeit immer wieder mit dem Bratensaft begießen. Die Ente aus dem Bräter heben und warm stellen. Den Bratenfond durch ein Sieb in einen Topf gießen. So viel Fett wie möglich abschöpfen. 3 Orangen auspressen und den Saft in den Bräter geben. Den Bratensatz loskochen und in den Topf gießen. Crème fraîche, gekörnte Brühe und Balsamico unter die Sauce rühren und mit Zucker, Salz und Pfeffer abschmecken. Die Sauce auf kleiner Flamme etwas einkochen lassen.

Mit einem Zestenreißer von der unbehandelten Orange die Schale in feinen, dünnen Streifen abziehen und mit dem Zucker bestreuen. Die 3 restlichen Orangen großzügig schälen, es darf keine weiße Haut mehr zu sehen sein. Mit einem scharfen Messer die Orangenfilets aus den Trennhäutchen schneiden und in die Sauce geben.

Die Ente in eine Servierschale legen, die gezuckerten Zesten über die Entenbrust streuen. Die Sauce angießen und die Orangenfilets neben der Ente anrichten.

Gänsekeulen in Senf-Sahnesauce

CUISSE D'OIE À LA SAUCE MOUTARDE

FÜR 6 PERSONEN

6 Gänsekeulen
Salz
Schwarzer Pfeffer aus der Mühle
2 El Gänseschmalz
300 g Perlzwiebelchen
1 Bouquet garni (je 2 Thymian-, Rosmarin-, Salbeizweige, Lorbeerblätter)
1/2 l Gemüsebouillon (sie muss nicht ganz aufgebraucht werden)
250 g kleine Champignons
200 ml Sahne
3 El Dijonsenf

Die Gänsekeulen waschen, salzen, pfeffern und in einem Bräter mit dem Gänseschmalz braun anbraten. Die Perlzwiebeln schälen und mit dem Bouquet garni zu den Gänsekeulen in den Topf geben. Etwas von er Brühe angießen, den Deckel auflegen und 45 Minuten auf kleiner Flamme schmoren. In dieser Zeit immer wieder etwas Brühe angießen. Die Champignons putzen und zu den Keulen in den Topf geben. Weitere 20 Minuten köcheln lassen. Die Keulen aus dem Bräter heben, im Backofen warm stellen. Die Sahne mit dem Senf verquirlen, in den Bräter gießen und im offenen Topf bei mittlerer Hitze einkochen lassen. Die Sauce soll eine sahnigsämige Konsistenz haben.

Die Keulen auf einer vorgewärmten Platte anrichten und mit einem Teil der Sauce übergießen. Den Rest separat dazu reichen. Mit Petersilienkartoffeln servieren.

Hähnchen nach Jägerart

POULET SAUTÉ CHASSEUR

FÜR 4 PERSONEN

1 Hähnchen (1200 g)
Salz
Weißer Pfeffer aus der Mühle
2 El Butter
2 El Öl
2 Knoblauchzehen, fein gehackt
1 Schalotte, geschält und gewürfelt
100 g Pfifferlinge, geputzt
1/4 l trockener Weißwein
1/2 l Geflügelbrühe
1 Tomate, gehäutet und geviertelt
1 Tl getrockneter Estragon
1 Tl getrockneter Kerbel
2 cl Cognac
2 El glatte Petersilie, gehackt
1 El Butter, eisgekühlt

Das Hähnchen in 4 Teile schneiden, salzen und pfeffern. Butter und Öl in einer großen, tiefen Pfanne erhitzen und darin die Hähnchenteile von allen Seiten goldbraun anbraten. Gehackten Knoblauch, Schalottenwürfel und Pfifferlinge zufügen und ebenfalls Farbe annehmen lassen. Mit Weißwein und Geflügelbrühe aufgießen. Die Tomate mit Estragon und Kerbel zufügen und 45 Minuten im geschlossenen Topf köcheln lassen. Den Cognac in eine Suppenkelle gießen, anzünden und etwas ausbrennen lassen. Zur Sauce geben. Zum Schluss die Sauce mit der kalten Butter legieren.

Zu diesem herzhaften Hähnchen passen gebratene Knoblauchkartoffeln aus dem Backofen.

PICERIE
MARQUE

AVENUE
DE
MONTAUBAN
SPIRITUEUX
CONFISERIE
VINS FINS
PATISSERIE

Gefülltes Suppenhuhn

POULE AU POT

FÜR 4 PERSONEN

Für die Füllung:
3 Scheiben gekochter Schinken, in kleine Würfel geschnitten
1 Schalotte, fein gewürfelt
2 Knoblauchzehen, fein gehackt
1 Hühnerleber, fein gehackt
200 g Semmelbrösel
1 Ei
$^1/_2$ Tl grobes Meersalz, im Mörser zerstoßen
Schwarzer Pfeffer aus der Mühle
1 Suppenhuhn (1,5 kg)
4 Bundmöhren, geschält, in Stücke geschnitten
2 Zwiebeln, geschält und geviertelt
3 Stangen Lauch, geputzt, in etwa 5 cm lange Stücke geschnitten
2 Lorbeerblätter
1 Nelke
4 Kartoffeln, geschält
1 Wirsing, geputzt und geviertelt
1 Tl grobes Meersalz, im Mörser zerstoßen

Für die Sauce Remoulade:
4 El weißer Balsamico
$^1/_2$ Tl grobes Meersalz, im Mörser zerstoßen
Schwarzer Pfeffer aus der Mühle
$^1/_4$ l feinstes Öl
5 Cornichons, fein gehackt
1 Schalotte, fein gehackt
2 hart gekochte Eier, in kleine Würfel geschnitten

Alle Zutaten für die Füllung in eine Schüssel geben und gründlich vermischen. Herzhaft mit Salz und Pfeffer abschmecken.
Das Suppenhuhn gründlich unter fließendem kalten Wasser waschen und innen trockentupfen. Die Füllung in die Bauchhöhle füllen und die Öffnung mit Küchengarn gut zunähen. Flügel und Keulen an den Körper binden. Das Huhn in einen großen Suppentopf legen, mit dem vorbereiteten Gemüse umlegen, salzen und so viel kochendes Wasser angießen, bis alles bedeckt ist. Etwa 3 Stunden bei mittlerer Hitze im geschlossenen Topf köcheln lassen.
In dieser Zeit die Sauce zubereiten.
Balsamico, Salz und Pfeffer in einen Rührbecher füllen und mit dem Stabmixer cremig aufrühren. In einem dünnen Strahl das Öl zufügen und zur Mayonnaise aufschlagen. Gewürfelte Cornichons, Schalottenwürfel und die gewürfelten Eier in eine Schüssel geben und mit der Mayonnaise vermischen. Im Kühlschrank ruhen lassen. Das Huhn aus der Brühe heben, zerlegen und mit dem gegarten Gemüse umlegen. Mit der Sauce servieren. Die Hühnerbrühe wird in Tassen dazu getrunken.

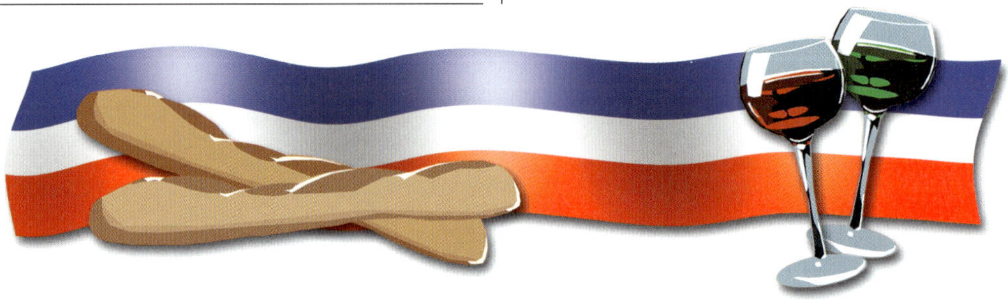

Sahniges Hühnerfrikassee

FRICASSÉE DE POULET À LA CRÈME

FÜR 4 PERSONEN

1 Masthähnchen (1,5 kg)
4 El Butter
Salz
Schwarzer Pfeffer aus der Mühle
1/4 l Weißwein
150 g Perlzwiebeln
250 g kleine Champignons
1 Prise Zucker
1/2 l Crème fraîche

Das Hähnchen in 8 Stücke zerteilen. 2 Esslöffel Butter in einer Pfanne erhitzen und die Hähnchenteile darin von allen Seiten goldbraun anbraten. Salzen und pfeffern, mit dem Weißwein und 1/2 l warmem Wasser angießen. In der geschlossenen Pfanne 30 Minuten schmoren lassen.

Die Perlzwiebeln schälen, die Champignons putzen und mit der restlichen Butter in einer Pfanne mehr dünsten als braten. Mit dem Zucker bestreuen und leicht karamellisieren lassen. Mit Salz abschmecken und warm stellen.

Die Hähnchenteile aus der Pfanne heben, warm stellen. Die Bratensoße in der offenen Pfanne bei starker Hitze um die Hälfte reduzieren. Die Crème fraîche in die kochende Soße rühren und weitere 3 Minuten köcheln lassen.

Das Hühnerfleisch auf Teller anrichten, mit der Soße übergießen und die karamellisierten Zwiebeln und Champignons um das Fleisch legen.

Dazu passen ein mit Knoblauch und Muskat gewürzter Blattspinat und ein leichter Rosé.

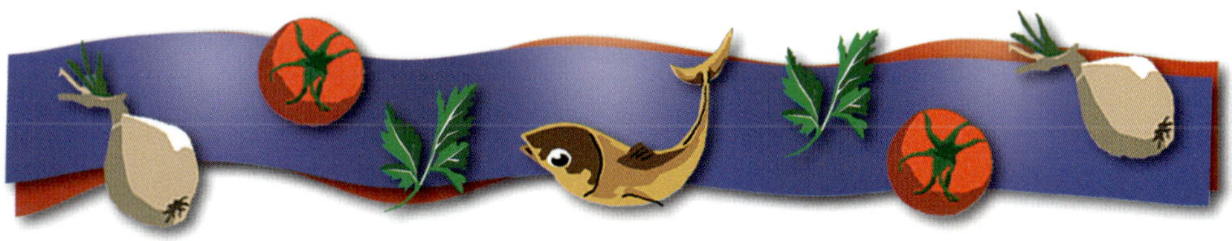

Hähnchenbrust im Lorbeermantel

BLANC DE POULET DANS SA TUNIQUE DE LAURIER

FÜR 4 PERSONEN

4 doppelte Hähnchenbrüste
4 frische Lorbeerblätter
4 Scheiben roher Schinken
Salz
Schwarzer Pfeffer aus der Mühle
2 El Olivenöl

Die Hähnchenbrüste unter kaltem Wasser waschen, trockentupfen und in der Mitte teilen. Auf der Rückseite der Filets die weißen Sehnen und eventuell die Häutchen entfernen. Je 1 Scheibe rohen Schinken längs in der Mitte zusammenlegen, darauf mit der Spitze nach oben das Lorbeerblatt legen. Je 1 Filet darauf legen und mit dem Schinken aufrollen. Mit wenig Salz, aber reichlich Pfeffer würzen. Das Olivenöl in einer Pfanne erhitzen und die Hähnchenbrüste von allen Seiten goldbraun braten.

Dazu passen ein sahniges Kartoffelgratin und kühler Weißwein von der Loire.

Zitronenhuhn

POULET AU CITRON

FÜR 4 PERSONEN

1 Hähnchen (1,5 kg)
3 El Zitronensaft
Salz
Schwarzer Pfeffer aus der Mühle
2 unbehandelte Zitronen
3 El Olivenöl
1 Tl Thymian, getrocknet
1 Tl Rosmarin, getrocknet
Je 2 El grüne und schwarze Oliven ohne Kern
8 Knoblauchzehen

Das Hähnchen waschen und gründlich trockentupfen. Innen und außen mit Zitronensaft einreiben. Innen salzen, pfeffern und 1 unbehandelte Zitrone in die Bauchöffnung schieben. Mit einigen Zahnstochern die Bauchöffnung schließen.

2 Esslöffel Olivenöl über das Hähnchen gießen, von außen salzen und pfeffern.

Den Boden von einem Schmortopf mit dem restlichen Olivenöl einreiben. Das Hähnchen hineinlegen und mit Thymian und Rosmarin bestreuen. Die zweite Zitrone in Achtel schneiden und mit dem ungeschälten Knoblauch und den Oliven um das Hähnchen legen.

Den Bräter in den Backofen schieben und bei Umluft 180 °C 1 Stunde backen. Im ausgeschalteten Backofen 30 Minuten nachziehen lassen.

Das Hähnchen aus dem Bräter heben, die Zitrone aus dem Bauch entfernen und entsorgen. Das Hähnchen in 4 Portionen schneiden.

Dazu reicht man frisches Baguette, auf das die geschmorten Knoblauchzehen gedrückt werden. Ein kühler, perlender Cidre ist das passende Getränk.

Eingelegtes Gänsefleisch

CONFIT D'OIE

Diese Art der Konservierung ist schon sehr alt. An einem kühlen Ort hält sich das Fleisch mehrere Monate (Winterzeit). Zum Verzehr wird das Fleisch im eigenen Fett gebraten und schmeckt einfach köstlich. Durch die Lagerzeit im Fett dringen die Aromen der Gewürze in das Fleisch ein und verleihen ihm einen unnachahmlichen Geschmack. Enten werden auf die gleiche Art als „confit de canard" haltbar gemacht.

1 küchenfertige Gans (ca. 3 kg)
60 g Salz (Pro kg Gans rechnet man 20 g Salz)
1 Tl getrockneter Thymian
3 getrocknete Lorbeerblätter, im Mörser zerstoßen
Je 1/2 Tl getrockneter Majoran und Salbei
Je 1/2 Tl frisch geriebene Muskatnuss und schwarzer Pfeffer aus der Mühle
1/2 l Wasser

Die Gans waschen und dabei alles sichtbare Fett aus der Bauchöffnung herausnehmen und beiseite legen. Die Gans in 6 Stücke zerteilen, dabei die Gliedmaßen im Ganzen lassen. Auch hier alles sichtbare Fett entfernen und beiseite legen. Die Fleischstücke in eine große Schüssel legen, mit ausreichend Salz und den anderen Gewürzen bestreuen und abdecken. Es müssen alle Teile mit Gewürzen bedeckt sein.
36 Stunden an einem kühlen Ort durchziehen lassen
Zum Garen das Wasser mit allem Fett in einen großen Topf geben. Wenn das Fett geschmolzen ist, alle Gänsestücke in den Topf geben und 2 1/2 Stunden leise kochen lassen.
Das Fleisch aus dem Sud heben. Knochen, die sich lösen, herausziehen. Eine Schicht vom heißen Fett in vorbereitete Steinguttöpfe geben, die Gänsestücke darauf verteilen und mit dem übrigen Fett restlos bedecken.

Fleisch

Fleisch

In Frankreich wird gerne und oft Fleisch gegessen. Dabei legt man höchsten Wert auf die Qualität. Die Metzger in Frankreich sehen sich sehr kritischen Kunden gegenüber. Auch Sie sollten sich nicht scheuen, Ihren Metzger nach der Herkunft seines Fleisches zu fragen.
Achten Sie beim Rindfleischkauf darauf, dass das Fleisch gut abgehangen ist und eine tief dunkelrote Farbe hat. Überlegen Sie, ob Sie Verwendung für Knochen haben. Sie sind immer eine gute Basis für Suppen, und Fleisch ohne Knochen ist teurer.
Soll eine Sauce das Fleisch begleiten, achten Sie bitte darauf, dass alle Flüssigkeiten, die angegossen werden, wenigstens handwarm sind. Wird mit kalter Flüssigkeit angegossen, dauert es wieder einige Zeit, bis die gewünschte Brattemperatur erreicht ist. Dadurch wird das Fleisch zäh und nicht mürbe.

Lammfilet mit Thymian

FILET D'AGNEAU AU THYM

FÜR 4 PERSONEN

2 Lammfilets
1 El Olivenöl
4 Thymianzweige
Salz
Schwarzer Pfeffer aus der Mühle
200 g Crème fraîche
1 Tl Tomatensaft
1 El Zitronensaft

Die Filets von allen Häutchen und Sehnen befreien. Das Olivenöl in einer beschichteten Pfanne stark erhitzen und die Filets darin von allen Seiten braun braten. Die Thymianzweige um das Fleisch legen, salzen und pfeffern. Die Hitze reduzieren und auf kleiner Flamme das Fleisch etwa 10-12 Minuten nachziehen lassen.
Die Filets aus der Pfanne heben und warm stellen. Das Bratfett und den Thymian aus der Pfanne entfernen. Den Bratensatz mit Crème fraîche loskochen und mit Tomaten- und Zitronensaft würzen. Das Fleisch schräg in längliche Scheiben schneiden und in der Sauce anrichten. Dazu passen gedünstete Birnen und ein kräftiger Rotwein.

Lammkarree

CARRÉ D'AGNEAU

FÜR 4 PERSONEN

1 Lammkarree (vom Metzger zwischen jeder Rippe eingehackt)
1 El Butter
1 El Pflanzenöl
Salz
Schwarzer Pfeffer aus der Mühle
1 Knoblauchzehe
2 El glatte Petersilie, gehackt
2 El Semmelbrösel
1 Tl weiche Butter

Den Backofen auf 260 °C vorheizen. Das Lammkarree unter kaltem Wasser abwaschen und gut trockentupfen. In einer ofenfesten Pfanne die Butter und das Öl erhitzen und das Fleisch darin anbraten. Das Fleisch salzen und pfeffern und 15 Minuten in den Backofen setzen. In dieser Zeit das Karree einmal wenden.

Die Knoblauchzehe durch die Presse drücken und mit der gehackten Petersilie und den Semmelbröseln vermischen. Die Butter zufügen und aus den Zutaten eine Paste kneten. Paste zwischen Klarsichtfolie legen und zu einer Platte ausrollen. Die Folie abziehen und die Platte auf der fetten Seite des Karrees festdrücken. Wieder in den Backofen geben und 5 Minuten gratinieren.

Fleisch aus dem Backofen heben und einige Minuten unter Alufolie ruhen lassen.

Mit einem Tranchiermesser wird das Karree aufgeteilt. Da es vom Metzger vorbereitet ist, lässt es sich gut teilen. Zum Lammkarree passen ein Kartoffelgratin und ein kräftiger Rotwein.

Geschmortes Kaninchen in Senfsauce

LAPIN À LA DIJONNAISE

FÜR 4 PERSONEN

1 küchenfertiges Kaninchen
250 g Joghurt
1 kleines Glas Dijonsenf
2 El Öl
50 g Butter
175 ml Crème fraîche
Salz und Pfeffer

Das Kaninchen in einen Gefrierbeutel legen und mit dem Joghurt übergießen. Den Beutel gut verschließen und über Nacht in den Kühlschrank legen. Der Joghurt macht das Fleisch zarter und aromatischer.

Zum Zubereiten das Kaninchen aus der Tüte nehmen, den Joghurt abstreifen. Das ganze Tier großzügig mit Dijonsenf bestreichen. In einen Bräter das Öl gießen, darauf das Kaninchen legen und mit Butterflöckchen bedecken. Den Bräter in den auf 190 °C vorgeheizten Backofen schieben und etwa 1 Stunde braten. Nach der Hälfte der Zeit das Kaninchen mit Alufolie abdecken, damit es nicht austrocknet. Das Kaninchen aus dem Bräter heben und warm stellen. Den Bratensatz bei schwacher Hitze mit der Crème fraîche loskochen. Auf keinen Fall kochen lassen, sonst gerinnt die Crème fraîche. Mit Salz, Pfeffer und Dijonsenf abschmecken. Etwas von der Sauce über das Kaninchen gießen. Den Rest der Sauce separat reichen. Dazu passen kleine Salzkartoffeln und ein frischer grüner Salat.

Kräftiger Bohneneintopf mit gemischtem Fleisch

CASSOULET

FÜR 6 PERSONEN

Diese Köstlichkeit wird ursprünglich in einem Tontopf gegart. Weil es ein sehr üppiges Essen ist, sollte es mittags gegessen werden. Denn für ein Nachtmahl liegt es einfach zu schwer im Magen.

500 g weiße Bohnen
250 g durchwachsener, geräucherter Speck, am Stück
2 Möhren, geschält und halbiert
1 Zwiebel
3 Gewürznelken
3 Knoblauchzehen, grob gehackt
1 Bouquet garni (je 2 Zweige Thymian, Petersilie, Lorbeerblätter)
Salz
Schwarzer Pfeffer aus der Mühle
500 g Hammelschulter
500 g Schweinenacken, ohne Knochen
50 g Gänseschmalz
3 Zwiebeln, gewürfelt
2 Schalotten, gewürfelt
3 Tomaten, geschält und entkernt, grob gehackt
1 El Tomatenmark
350 g eingemachte Gans (confit d'oie finden Sie in gut sortierten Feinkostläden)
1 Knoblauchwurst
75 g Semmelbrösel
2 El Schweineschmalz

In einem großen Topf die Bohnen mit Wasser bedecken und 20 Minuten kochen. Durch ein Sieb abgießen. Die Bohnen mit Speck, Möhren, der mit Nelken gespickten Zwiebel, 1 Knoblauchzehe und dem Bouquet garni wieder in den Topf füllen. So viel kaltes Wasser angießen, dass alles bedeckt ist. Den Deckel auf den Topf legen, aufkochen und bei mittlerer Hitze eine Stunde schmoren lassen. Danach salzen und pfeffern.

Das Hammelfleisch und den Schweinenacken in einem anderen Topf mit der Hälfte vom Gänseschmalz anbraten. Gewürfelte Zwiebeln, Schalotten und restliche Knoblauchzehen zugeben. Die Tomaten und das Tomatenmark in den Topf geben und alles gründlich vermischen. Mit Salz und Pfeffer würzen und so viel Bohnenkochwasser angießen, bis alles knapp bedeckt ist. Im geschlossenen Topf 1 gute Stunde schmoren lassen.

Das Fleisch aus dem Topf heben und mit dem Speck in Scheiben schneiden. Eine feuerfeste Form mit einem Teil der Speckscheiben auslegen. Dann nacheinander Bohnen, Fleisch und Gänsefleisch einschichten, zum Schluss eine Lage Speckscheiben und die ohne Haut in Scheiben geschnittene Knoblauchwurst. Mit etwas Bohnenkochsud übergießen, mit Semmelbröseln und Schweineschmalzflöckchen bestreuen. Im Backofen 1 weitere Stunde bei etwa 150 °C garen.

Das Cassoulet in der Form servieren.

Rinderfiletstreifen in Champignonrahm

BŒUF STROGANOFF

FÜR 4 PERSONEN

1 El Butter
250 g Zwiebeln, fein gehackt
250 g weiße Champignons, in Scheiben geschnitten
700 g Rinderfiletspitzen
2 El Öl
Salz
Schwarzer Pfeffer aus der Mühle
2 Cornichons, in feine Streifen geschnitten
¼ l trockener Riesling
250 g Crème fraîche

Die Butter in einer tiefen Pfanne schmelzen. Darin die Zwiebeln glasig dünsten. Die Champignons zufügen und so lange auf kleiner Flamme garen, bis alle Flüssigkeit verdampft ist. Alles in eine Schüssel geben.

Das Rinderfilet waschen, trockentupfen und in mundgerechte Stücke schneiden. Öl in der Pfanne erhitzen. Darin die Filetstücke von allen Seiten scharf braten. Salzen und pfeffern, die gedünsteten Pilze und die Cornichonstreifen dazugeben, gut unterheben. Den Weißwein angießen und den Pfanneninhalt einmal aufkochen lassen. Sauce nochmals abschmecken und vom Herd ziehen. Crème fraîche unterrühren und mit einem körnigen Reis servieren.

Sauerkraut elsässische Art

CHOUCROUTE MAISON

FÜR 6–8 PERSONEN

1 gepökeltes Eisbein
2 Scheiben durchwachsener Speck, je 3 cm dick
1 Tl Pfefferkörner
2 geräucherte Mettwürstchen (Cervelas)
4 Paar Knackwürste
2 kg frisches Sauerkraut
3 El Gänseschmalz
4 Zwiebeln, in Streifen geschnitten
2 Lorbeerblätter
12 Wacholderbeeren (im Mörser leicht zerstoßen)
3 Nelken
½ l trockner Riesling aus dem Elsass

Eisbein und Speck abspülen. Mit den Pfefferkörnern in einen großen Topf geben und mit kaltem Wasser begießen. Zum Kochen bringen und auf kleiner Flamme 1 ½ Stunden köcheln. Mett- und Knackwürste dazugeben und weitere 20 Minuten köcheln.

Das Sauerkraut in ein Sieb geben und mit kaltem Wasser abspülen. Gründlich auseinander zupfen und ausdrücken. Gänseschmalz in einem großen Topf erhitzen und darin die Zwiebeln anbraten. Sauerkraut, Lorbeerblätter, Nelken, Wacholderbeeren in den Topf geben und mit dem Riesling begießen. Mit so viel Wasser auffüllen, bis das Kraut gerade mit Flüssigkeit bedeckt ist. Aufkochen und bei kleiner Hitze etwa 45 Minuten köcheln.

Das Sauerkraut mit einem Schaumlöffel aus dem Topf heben und auf einer großen Platte anhäufen. Darauf werden die in Stücke geschnittenen Würste und das Eisbein angerichtet. Dazu gibt es Salzkartoffeln und als Getränk natürlich den Riesling, den man zum Kochen verwendet hat.

Rindfleisch in Rotwein

BŒUF BOURGUIGNON

FÜR 6 PERSONEN

Für die Marinade:
$^{3}/_{4}$ l trockener Rotwein
1 Möhre, in Würfel geschnitten
1 Zwiebel und 2 Schalotten, in Streifen geschnitten
1 Stange Bleichsellerie, gewürfelt
2 Knoblauchzehen, grob gehackt
Je 2 Petersilienstängel, Thymianzweige, Lorbeerblätter
8 Pfefferkörner
2 Gewürznelken

1,5 kg Rindfleisch (falsches Filet), grob gewürfelt
2 El Öl
2 El Butter
1 El Mehl
2 Knoblauchzehen
1 Bouquet garni (je 2 Lorbeerblätter, Thymianzweige, Petersilienstängel)
2 El Tomatenmark
$^{1}/_{8}$ l Wasser
Salz
Schwarzer Pfeffer aus der Mühle
2 cl Cognac

Alle Zutaten der Marinade vermischen und mit den Fleischwürfeln in eine Schüssel füllen. Im Kühlschrank über Nacht marinieren. Am nächsten Tag das Fleisch aus der Marinade heben, gründlich trockentupfen. Das Öl im Bräter erhitzen und die Fleischwürfel in zwei Portionen von allen Seiten kräftig anbraten. Das Gemüse aus der Marinade mit der Butter in den Bräter geben und 20 Minuten im offenen Topf schmoren. Nun das Mehl darüber stäuben und kräftig umrühren. Das Mehl soll ebenfalls Farbe annehmen. Jetzt die gesamte Marinade angießen und alles zum Kochen bringen. Die restlichen Zutaten bis auf den Cognac zufügen und im geschlossenen Topf etwa 2 Stunden köcheln. 10 Minuten vor Ende der Kochzeit die Sauce mit Cognac aromatisieren.

Noch mal abschmecken und mit kleinen Petersilienkartoffeln servieren.

Marinierte Lammkeule mit Äpfeln

GIGOT MARINÉ AUX POMMES

FÜR 8 PERSONEN

Für die Marinade:
2 Zwiebeln, in Streifen geschnitten
2 Möhren, in Scheiben geschnitten
3/4 l trockener Rotwein
1/2 Tasse Rotweinessig
2 Knoblauchzehen, grob gehackt
2 Lorbeerblätter
1 Bouquet garni (je 2 Zweige Thymian, Rosmarin, Petersilie)
1 Tl Pfefferkörner

Für die Keule:
1 Lammkeule (2,5 kg), ohne Fett und Häute
3 El Olivenöl
Schwarzer Pfeffer aus der Mühle
Salz
1,5 kg Äpfel
2 El Butter
1 Tl Kartoffelstärke

Alle Zutaten für die Marinade in einen Topf füllen und bei kleiner Hitze aufkochen. Abkühlen lassen.
Die geputzte Lammkeule in einen großen Gefrierbeutel legen. Aufrecht halten und die gesamte Marinade in den Beutel gießen. Mit einem Gummi den Beutel dicht verschließen. So umfließt die Marinade die gesamte Keule. Auf eine Schale legen und im Kühlschrank 48 Stunden marinieren. Die Keule aus dem Beutel nehmen, Marinade durch ein Sieb gießen, dabei die Flüssigkeit auffangen. In einen Bräter 2 Esslöffel Olivenöl geben, das Gemüse aus der Marinade darauf verteilen. Die Keule pfeffern und salzen und auf das Gemüse setzen. Mit dem restlichen Olivenöl beträufeln. Den Bräter in den auf 250 °C vorgeheizten Backofen schieben und 1 1/2 Stunden braten. Dabei die Keule hin und wieder wenden und immer wieder etwas von der Marinade angießen.
Die Äpfel schälen und das Kerngehäuse ausstechen. In jeden Apfel ein Stück Butter schieben und um die Lammkeule anordnen. Weitere 45 Minuten braten. Die Keule und die Äpfel aus dem Bräter nehmen und auf einer vorgewärmten Platte anrichten. Den Bratenfond mit etwas Kartoffelstärke binden, abschmecken und separat zur Keule reichen.

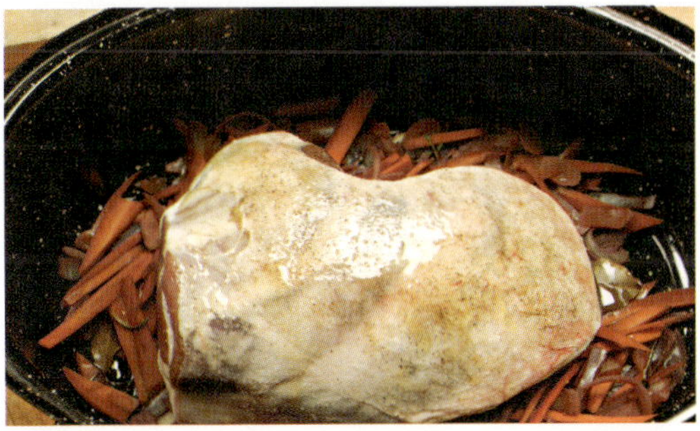

Kalbskoteletts mit Morcheln

CÔTES DE VEAU AUX MORILLES

FÜR 6 PERSONEN

350 g frische Morcheln (es geht auch mit Champignons, ist aber nicht so würzig)
6 Kalbskoteletts
Salz
Schwarzer Pfeffer aus der Mühle
2 El Butter
2 El Pflanzenöl
200 g Crème fraîche

Frische Morcheln unter kaltem Wasser so lange abspülen, bis kein Sand mehr im Spülwasser ist. Gründlich trockentupfen. Die Pilzstiele etwas kürzen.

Die Kalbskoteletts salzen und pfeffern. Butter mit Pflanzenöl in einer großen Pfanne erhitzen und die Koteletts darin von beiden Seiten braten, bis sie eine goldbraune Farbe angenommen haben. Die Hitze reduzieren und die Koteletts weitere 8-10 Minuten braten. Aus der Pfanne nehmen und auf eine vorgewärmte Platte legen.

Die Morcheln in die Pfanne geben und unter ständigem Rühren anbraten. Die Crème fraîche zufügen, gut unterrühren und die Pilze etwa 5 Minuten bei kleiner Flamme köcheln. Die fertige Sauce über die Kalbskoteletts gießen und zu Tisch bringen. Dazu passen knusprige Bratkartoffeln und ein kühler Rosé.

Rehkeule in Sahnesauce

CUISSOT DE CHEVREUIL

FÜR 8 PERSONEN

1 l trockener Rotwein
2 El Cognac
2 Zwiebeln, in Streifen geschnitten
3 Knoblauchzehen, geschält
2 Möhren, in Scheiben geschnitten
1 Tl Wacholderbeeren, im Mörser leicht angedrückt
1 Bouquet garni (je 2 Lorbeerblätter, Thymianzweige, Petersilienstängel)
1 1/2 kg Rehkeule ohne Knochen
3 El weiche Butter
Salz
Schwarzer Pfeffer aus der Mühle
200 g Sahne

Rotwein, Cognac, Zwiebeln, Knoblauch, Möhren, Wacholderbeeren und das Bouquet garni in eine große Gefriertüte füllen. Das Rehfleisch dazugeben und den Beutel mit einem Gummi fest verschließen. 24 Stunden im Kühlschrank marinieren.

Das Fleisch aus der Marinade nehmen, gründlich trockentupfen, mit der weichen Butter einreiben und mit Salz und Pfeffer würzen. Die Marinade durch ein Sieb gießen und die Flüssigkeit auffangen. Das Rehfleisch in einen Bräter legen und die Marinade angießen. Den Bräter in den auf 230 °C vorgeheizten Backofen schieben und etwa 20 Minuten anbraten. Die Hitze auf 180 °C reduzieren und die Keule weitere 50 Minuten braten. Dabei immer wieder mit der Marinade begießen. Zum Schluss die Sahne über das Fleisch gießen und im ausgeschalteten Backofen etwa 10 Minuten ruhen lassen. Das Fleisch aus dem Bräter heben, in dünne Scheiben schneiden und auf einer vorgewärmten Platte anrichten. Die Bratensauce mit einem Stabmixer luftig aufschlagen und einen Teil über das Fleisch gießen. Die restliche Sauce separat servieren. Dazu passt ein cremiges Kartoffelpüree.

Rinderrouladen

PAUPIETTES DE BŒUF

FÜR 4 PERSONEN

4 Rinderrouladen
4 Tl Dijonsenf
4 Scheiben geräucherter Bauchspeck
Salz
Schwarzer Pfeffer aus der Mühle
1 El Gänseschmalz
1 Möhre, in Stücke geschnitten
2 Zwiebeln, geachtelt
1/4 l heiße Rinderbouillon
1 Knoblauchzehe, fein gewürfelt
1 Bouquet garni (je 2 Lorbeerblätter, Thymianzweige, Petersilienstängel)
1 Tl getrocknete Steinpilze
150 g kleine Kapern

Die Rinderrouladen auf der Arbeitsfläche ausbreiten. Mit je 1 Tl Dijonsenf bestreichen. Auf jede Roulade 1 Scheibe Räucherspeck legen. Salzen, pfeffern und aufrollen. Mit etwas Küchengarn fixieren.

In einem Schmortopf das Gänseschmalz zerlassen und die Rouladen von allen Seiten kräftig anbraten. Möhre und Zwiebeln dazugeben, kurz anbraten und mit der Rinderbouillon aufgießen. Knoblauch, Bouquet garni und die getrockneten Steinpilze zufügen. Im geschlossenen Topf etwa 1 Stunde schmoren. Es muss immer ausreichend Flüssigkeit im Topf sein. Gegebenenfalls noch Bouillon angießen.

Kapern zufügen und weitere 30 Minuten köcheln lassen. Die Sauce noch mal abschmecken. Die Rouladen auf einer vorgewärmten Platte anrichten. Die Sauce separat dazu reichen. Dazu passt ein Kartoffel-Kohlrabi-Püree.

Schweinenacken in Pflaumensauce

PORC AUX PRUNEAUX

FÜR 6 PERSONEN

1 1/2 kg Schweinenacken
Salz
Schwarzer Pfeffer aus der Mühle
10 Scheiben durchwachsener Speck ohne Schwarte
1 Schweinenetz (hauchdünnes Fettgewebe vom Schwein, muss beim Metzger vorbestellt werden)
2 El Olivenöl
24 getrocknete Pflaumen ohne Stein
1/2 l trockener Rotwein
1 Schalotte, fein gehackt
3 El Vin de Prune (Pflaumenschnaps, der im Fass gelagert wurde)

Den Schweinenacken salzen, pfeffern und mit den Speckscheiben umwickeln. Das Schweinenetz wässern und auf einem Küchentuch ausbreiten. Trockentupfen und den umwickelten Nacken darauf setzen. Das Schweinenetz um den Braten wickeln, die Enden unterschlagen. Den Schmortopfboden mit Olivenöl auspinseln und den Braten darauf setzen. In den auf 200 °C vorgeheizten Backofen schieben und 1 1/2 Stunden braten.

In einem anderen Topf die Pflaumen mit dem Rotwein aufkochen, Hitze reduzieren und 25-30 Minuten leise köcheln lassen. Alle Pflaumen und die Hälfte vom Rotwein 15 Minuten vor Ende der Bratzeit zum Schweinebraten geben. Den Topf aus dem Ofen heben, das Fleisch herausnehmen und die Sauce möglichst entfetten. Das Fleisch wieder in den Topf geben, die Schalotte zufügen und alles einige Minuten schmoren lassen. Den restlichen Wein angießen und damit alle Röststoffe im Topf lösen. Aufkochen, noch mal abschmecken und die Sauce mit Vin de Prune aromatisieren. Den Schweinenacken in Scheiben schneiden und auf einer vorgewärmten Platte anrichten. Mit den Pflaumen umlegen.

Dazu passen ein feines Kartoffel-Sellerie-Püree und ein kräftiger Rotwein.

Schweinebraten mit Salbei

RÔTI DE PORC À LA SAUGE

FÜR 4 PERSONEN

Für die Marinade:
1 Zwiebel, in Streifen geschnitten
3 Gewürznelken
2 Zweige Thymian
2 Zweige Salbei
1/2 l Weißwein
5 Pfefferkörner

Für den Braten:
1 kg Schweinefleisch
2 El Butter
15 Salbeiblätter
Salz
Schwarzer Pfeffer aus der Mühle

Alle Zutaten für die Marinade mischen, in einen Gefrierbeutel füllen, das Fleisch dazugeben und über Nacht darin marinieren. Das Fleisch aus der Marinade heben. Trockentupfen und mit einem schmalen scharfen Messer kleine Schnitte ins Fleisch ritzen. Die Salbeiblätter in das Fleisch stecken. In einem Schmortopf die Butter schmelzen, darin das Fleisch von allen Seiten anbraten. Den Topf in den auf 210 °C vorgeheizten Backofen stellen und 45 Minuten braten. Das Fleisch wenden, mit einigen Löffeln der Marinadenflüssigkeit begießen und weitere 45 Minuten braten. Nach einer halben Stunde das Fleisch mit Alufolie abdecken, damit es nicht zu trocken wird. Den Braten auf einer Platte anrichten, die Sauce separat dazu reichen.
Hierzu passen kleine glasierte Zuckermöhren und in Butter geschwenkte Petersilienkartoffeln.

Kalbsfilets nach Jägerart

GREADINS DE VEAU CHASSEUR

FÜR 4 PERSONEN

Für die Sauce:
2 El Butter
1 Schalotte, fein gehackt
200 g Champignons, geputzt, in feine Scheiben geschnitten
1/8 l trockener Weißwein
1 Tl Tomatenmark
1 Tl Ketchup
2 El glatte Petersilie, gehackt
Salz
Schwarzer Pfeffer aus der Mühle

600 g Kalbsfilet
2 El Mehl
Salz
3 El Butter

Für die Sauce die Butter in einem Topf schmelzen. Schalotte und Champignons bei starker Hitze unter ständigem Rühren 3 Minuten braten. Weißwein, Tomatenmark, Ketchup und 1 Esslöffel Petersilie zufügen und gut unterrühren. Auf kleiner Flamme etwa 10-12 Minuten leise köcheln lassen.

Das Kalbsfilet in 12 Scheiben schneiden. Zwischen Klarsichtfolie legen und mit einem glatten Fleischklopfer etwas platt klopfen. Mit Mehl überpudern, salzen und pfeffern. Die Butter in einer Pfanne schmelzen und die Kalbsfiletscheiben darin von jeder Seite 5 Minuten braten. Die Fleischscheiben auf einer vorgewärmten Platte anrichten. Die Sauce aus dem Topf in die Pfanne gießen und den Bratensatz lösen. Einen Teil der Sauce über die Kalbsfleischscheiben gießen, den Rest separat dazu reichen.

Dazu passen ein frisches Erbsenpüree und ein kühler Riesling.

Rinderfilets mit rosa Pfefferbeeren

TOURNEDOS GRILLÉS AUX BAIES DE POIVRE ROSE

FÜR 4 PERSONEN

4 Scheiben Rinderfilet à 200 g
4 Scheiben roher Schinken mit Fettrand
Küchengarn
2 El Pflanzenöl

Für die Soße:
2 El rosa Pfefferbeeren
1/8 l trockener Weißwein
100 g Crème double
1/2 Tl Kartoffelstärke
Salz
1 El Ketchup

Die Rinderfiletscheiben auf die Arbeitsfläche legen. Die Schinkenscheiben längs auf die Hälfte zusammenklappen und um den äußeren Rand der Filetscheiben legen. Mit Küchengarn festbinden und einem Pinsel auf beiden Seiten leicht einölen.

Für die Soße die Pfefferbeeren mit dem Weißwein in einen Topf geben, aufkochen und um etwa die Hälfte einkochen lassen. Die Crème double mit der Kartoffelstärke, Salz und Ketchup vermischen. Den Topf vom Herd ziehen und die Crème double in den Weißwein einrühren. Die Soße muss jetzt sämig sein. Sie darf nicht mehr kochen und sollte auf kleinster Flamme warm gehalten werden.

Die geölten Filetscheiben unter dem heißen Grill von beiden Seiten jeweils 3-6 Minuten grillen. Das ist von Ihrem Geschmack und von der Dicke der Filetscheiben abhängig. Die Filetscheiben auf vorgewärmten Tellern anrichten und mit der Soße begossen servieren. Dazu passen feine Zuckerschoten und ein Kartoffelpüree mit frisch geriebener Muskatnuss.

Wildbret und Wildgeflügel

Wildbret und Wildgeflügel

Die Wälder Frankreichs bieten eine reiche Auswahl an Wildbret und Wildgeflügel.
Weltweit versteht es keine Küche so gut, daraus Köstlichkeiten zu zaubern, wie die französische: Herzhafte Marinaden und säuerliche Beizen verleihen dem Fleisch ein unglaubliches Aroma. Ob pikant gefüllt, im Speckmantel gebraten oder in Wein gekocht – für jeden Geschmack ist etwas dabei. Die Zubereitung ist oft einfach und geht meist schnell von der Hand. Und die sich aus den einzelnen Gerichten ergebenden Saucen sind einfach sensationell! Die kräftigen Rotweine aus Bordeaux passen hervorragend zu Wildgerichten.

Wachteln mit Muskattrauben

CAILLES AUX RAISINS SUR CANAPÉS

FÜR 4 PERSONEN

8 Wachteln
Salz
Schwarzer Pfeffer aus der Mühle
2 El Zitronensaft
16 Scheiben Bacon (Frühstücksspeck)
3 El Butter
4 Scheiben Landbrot
2 cl Cognac
200 g Muskattrauben, gewaschen, halbiert und entkernt

Die Lebern aus den Wachteln entfernen. Die Wachteln unter kaltem Wasser waschen, innen und außen gut trockentupfen. Innen pfeffern und salzen. Von außen mit Zitronensaft einreiben und pfeffern. Die Keulen mit Küchengarn zusammenbinden. Jede Wachtel mit 2 Baconscheiben umwickeln. In einer großen Kasserolle 2 Esslöffel Butter erhitzen und die Wachteln darin von beiden Seiten anbraten. Den Deckel aufsetzen und die Wachteln für etwa 10-12 Minuten garen.
In dieser Zeit die Leber mit der restlichen Butter in einer Pfanne kurz braten. Anschließend salzen und pfeffern und mit einer Gabel grob zerdrücken. Die Brotscheiben halbieren und toasten. Die Lebercreme auf die Brotscheiben streichen und auf einer Platte anrichten.
Die Wachteln aus der Kasserolle heben, den Speck entfernen und die Wachteln wieder in den Topf legen. Den Cognac über die Wachteln gießen und flambieren.
Die vorbereiteten Trauben zufügen und den Deckel schließen. Alles 2–3 Minuten auf kleiner Flamme köcheln lassen. Die Wachteln auf den Brotscheiben anrichten, mit etwas Bratfond übergießen und mit den Trauben garnieren.

Kaninchen nach Jägerart

LAPIN CHASSEUR

FÜR 4 PERSONEN

1 Kaninchen, küchenfertig
Salz
Schwarzer Pfeffer aus der Mühle
3 El Butter
2 El Öl
15 Perlzwiebelchen
100 g Bauchspeck, gewürfelt
100 g kleine weiße Champignons, geputzt
1/4 l trockener Weißwein
1 Lorbeerblatt
200 g Crème fraîche

Das Kaninchen waschen, alle Innereien entfernen und anderweitig verwenden. Vorder- und Hinterläufe abtrennen und teilen. Den Rücken in 2 Stücke schneiden. Mit Salz und Pfeffer würzen. Die Butter mit dem Öl in einem Bräter erhitzen und die Kaninchenstücke von allen Seiten anbraten. Perlzwiebeln, Bauchspeck und die geputzten Champignons zum Kaninchen in den Topf geben und ebenfalls Farbe nehmen lassen. Mit Weißwein aufgießen und das Lorbeerblatt zufügen. Den Deckel aufsetzen und alles 50–60 Minuten auf kleiner Flamme schmoren. Die Kaninchenteile aus dem Topf heben und auf einer vorgewärmten Platte anrichten. Die Sauce mit der Crème fraîche binden. Das Lorbeerblatt entfernen und die Sauce separat zum Kaninchen reichen. Dazu passen in Butter geschwenkte Bandnudeln.

Wildschweinpfeffer

CIVET DE SANGLIER

FÜR 4 PERSONEN

800 g Wildschweinfleisch aus der der Keule
Salz
Schwarzer Pfeffer aus der Mühle
1/2 l trockener Rotwein
3 Zwiebeln, grob zerteilt
10 Knoblauchzehen, geschält, und grob gehackt
2 Möhren, geschält, in 3 cm lange Stücke geschnitten
2 Zweige Thymian
1 Zweig Rosmarin
2 Lorbeerblätter
2 El Butterschmalz
4 cl Cognac
3 El weiche Butter
2 El Mehl

Das Fleisch waschen und von Häuten und Sehnen befreien. In 8 gleich große Stücke schneiden. Salzen, pfeffern und in eine Schüssel legen. Rotwein, Zwiebeln, Knoblauch, Möhren und alle Kräuter zufügen. Kühl und bedeckt in der Schüssel für 48 Stunden ziehen lassen. Das Fleisch aus der Marinade heben, trockentupfen und nochmals salzen und pfeffern. Die Marinade durch ein Sieb gießen und auffangen. Butterschmalz in einem Bräter erhitzen und das Fleisch darin von allen Seiten anbraten. Mit dem Cognac übergießen und flambieren. Nun die Marinade zufügen und das Fleisch im geschlossenen Bräter schmoren, bis es weich ist. Das kann etwa 2 Stunden dauern. Die Butter in dieser Zeit mit dem Mehl vermischen und in den Kühlschrank stellen. Die Mehlbutter zum Schluss nach und nach unterrühren und damit die Sauce binden.
Dazu reicht man in Folie gebackene Kartoffeln mit Crème fraîche und in Butter gedünstete Bundmöhren.

Fasan mit Sauerkraut

FAISAN À LA CHOUCROUTE

FÜR 4 PERSONEN

Für das Sauerkraut:
1 kg Sauerkraut
2 El Gänseschmalz
250 g durchwachsener geräucherter Speck, in dicke Scheiben geschnitten
1 Zwiebel
2 Gewürznelken (damit wird die Zwiebel gespickt)
1 Bouquet garni (je 2 Thymianzweige, Rosmarinzweige, Lorbeerblätter)
4 Knoblauchzehen
10 Wacholderbeeren, im Mörser leicht zerdrückt
1/4 l trockener Weißwein
1/4 l Hühnerbrühe
2 Mettwürste, geräuchert

Das Sauerkraut gründlich waschen und auflockern, ausdrücken und wieder auflockern. 2 Esslöffel Schmalz in einem großen Topf schmelzen. Die Hälfte vom Sauerkraut in den Topf füllen. Den in Scheiben geschnittenen Speck darauf verteilen. Jetzt die gespickte Zwiebel, das Bouquet garni, Knoblauch und Wacholderbeeren zufügen und mit dem restlichen Sauerkraut belegen. Mit wenig Salz und Pfeffer würzen. Wein und Hühnerbrühe angießen und die Mettwürste dazugeben. Den Deckel aufsetzen und für etwa 2 Stunden auf mittlerer Flamme das Sauerkraut köcheln. Damit das Kraut nicht anbrennt, hin und wieder mit einem Kochlöffel kontrollieren, ob noch genügend Flüssigkeit im Topf ist. Wenn nicht, etwas Wein oder Brühe nachgießen. Nun mit der Zubereitung des Fasans beginnen.

Für den Fasan:
1 Fasan, küchenfertig vorbereitet
2 El Zitronensaft
Salz
Schwarzer Pfeffer aus der Mühle
10 Scheiben frischer Schweinespeck
2 El Gänseschmalz
1 Zwiebel, geschält, in Ringe geschnitten
1 Möhre, geschält, in Scheiben geschnitten
1 Bouquet garni (je 2 Thymianzweige, Rosmarinzweige, Lorbeerblätter)

Den küchenfertigen Fasan unter fließendem kalten Wasser waschen und gründlich trockentupfen. Außen mit Zitronensaft einreiben, kräftig salzen und pfeffern. Die Keulen und die Flügel mit Küchengarn am Körper befestigen. Den Fasan mit den Speckscheiben umwickeln und festbinden. Das Gänseschmalz in einem Bräter schmelzen und den Fasan darin von allen Seiten anbraten. Zwiebelringe, Möhrenscheiben und das Bouquet garni zufügen, etwas Salz und Pfeffer über das Gemüse geben und den Topf schließen. Etwa 45 Minuten schmoren lassen. Immer wieder mit dem eigenen Saft begießen. Wenn zu wenig Flüssigkeit im Topf ist, mit etwas Geflügelbrühe aufgießen. Wenn der Fasan gar ist, den Speckmantel entfernen und das Sauerkraut auf einer großen Platte anrichten. Die Wurst in dicke Scheiben schneiden, den Speckmantel entfernen und mit den Speckscheiben auf dem Kraut verteilen. Den Fasan in die Mitte setzen und servieren.

Kaninchenkeulen in Paprikarahm

LAPIN AU PAPRIKA

FÜR 4 PERSONEN

4 Kaninchenhinterläufe
Salz
Schwarzer Pfeffer aus der Mühle
2 El Butter
2 El Öl
4 Zwiebeln, fein gewürfelt
1 El Rosen-Paprikapulver
1 Msp. Cayennepfeffer
$^1/_4$ l Gemüsebrühe
1 Bouquet garni (je 2 Thymianzweige, Rosmarinzweige, Lorbeerblätter)
200 g Crème fraîche

Die Keulen waschen, von Häuten und Sehnen befreien, salzen und pfeffern. Butter und Öl in einem Bräter erhitzen und die Kaninchenkeulen darin von beiden Seiten kräftig braun braten. Die Keulen aus dem Bräter heben und warm stellen. Die Zwiebeln in den Bräter geben und glasig werden lassen. Die Keulen wieder zufügen und mit Rosenpaprika und Cayennepfeffer würzen. Die Gemüsebrühe angießen und das Bouquet garni dazugeben. Alles 30 Minuten köcheln lassen. Die Keulen aus dem Topf heben, auf einer vorgewärmten Platte anrichten und mit Alufolie abdecken. Die Crème fraîche in die Sauce rühren, aufkochen und einen Teil über die Kaninchenkeulen gießen. Die restliche Sauce separat dazu reichen.
Mit feinen Bandnudeln und glasierten Maronen servieren.

Wildente mit gewürzten Äpfeln aus dem Tontopf

CANARD SAUVAGE AUX POMMES EPICÉES EN COCOTE DE TERRE

FÜR 4 PERSONEN

1 Wildente, küchenfertig (wahlweise Zuchtente)
Salz
Schwarzer Pfeffer aus der Mühle
1 Msp. grobes Meersalz
10 Pfefferkörner
2 Gewürznelken
1 Msp. Zimt
2 Äpfel, geschält in Würfel geschnitten
4 El Butter
4 Scheiben durchwachsener Speck, dünn geschnitten
2 cl Calvados

Garnitur:
4 Äpfel
3 El Butter
1 Msp. Zimt
Salz
Schwarzer Pfeffer aus der Mühle
8 Gewürznelken

Die Ente unter kaltem Wasser waschen und gut trockentupfen. Innen und außen salzen und pfeffern. In einem Mörser das Meersalz, Pfefferkörner und Gewürznelken zerstoßen. Den Zimt, die Apfelwürfel mit den Gewürzen und 2 Esslöffel Butter gründlich vermischen und gut durchkneten. Diese Masse in die vorbereitete Ente füllen. Keulen und Flügel der Ente an den Körper binden, die Ente mit Speck umwickeln und in den gewässerten Tontopf legen.

Für die Garnitur die Äpfel schälen und das Kerngehäuse ausstechen. Butter, Zimt, Salz und Pfeffer mischen und damit die Äpfel füllen. In jeden Apfel 2 Gewürznelken stecken und die Ente im Tontopf mit den gefüllten Äpfeln umlegen. Den Tontopf in den kalten Backofen schieben und die Ente 1 Stunde bei 190 °C garen.

Im Topf servieren. Am Tisch den Calvados über die Ente geben und flambieren.

Dazu passt ein kräftiger Rotwein aus dem Médoc.

Der Ton- oder Römertopf muss mit Deckel vor dem Gebrauch mindestens für 30 Minuten in kaltem Wasser gewässert werden.

Gefüllte Tauben aus dem Périgord

PIGEONS PÉRIGOURDINS

FÜR 4 PERSONEN

Für die Füllung:
300 g frischer Bauchspeck
1 kleine Brioche (vom Vortag)
1/4 l Milch
3 El Crème double
100 g Gänseleberpastete (Fertigprodukt)
1 Ei, verquirlt
Salz
Schwarzer Pfeffer aus der Mühle

2 Tauben (küchenfertig)
3 El Butter
1/2 l Geflügelbrühe
1 Tl Speisestärke
1/8 l Madeira (süßer Dessertwein)
Salz
Schwarzer Pfeffer aus der Mühle

Den Speck im Cutter sehr fein hacken und in eine Schüssel füllen. Die Brioche ebenfalls im Cutter zerkleinern, in der Milch einweichen und wieder ausdrücken. Zum Speck in die Schüssel füllen. Crème double, Gänseleberpastete und verquirltes Ei zufügen und mit dem Schneebesen cremig aufschlagen. Salzen und pfeffern.

Die Tauben unter fließendem kalten Wasser waschen, trockentupfen und mit der Farce füllen. Die Öffnung mit Küchengarn zunähen.

In einem Bräter die Butter schmelzen und die Tauben von allen Seiten darin goldbraun anbraten. Den Deckel auf den Bräter legen, die Hitze reduzieren und 50 Minuten im Topf garen. Während dieser Zeit die Tauben mehrmals wenden und mit einem Teil der Brühe begießen.

Die Tauben aus dem Topf heben und warm stellen. Etwas Geflügelbrühe mit der Speisestärke vermischen, die restliche Brühe mit dem Madeira in den Topf geben und aufkochen. Mit der aufgelösten Speisestärke binden und herzhaft mit Salz und Pfeffer abschmecken.

Die Tauben halbieren, mit der aufgeschnittenen Seite nach unten auf einer Platte anrichten und mit einem Teil der Sauce begießen. Die restliche Sauce separat dazu reichen.

Wildschweinbraten aus den Vogesen

MARCASSIN À LA VOSGIENNE

FÜR 6-8 PERSONEN

3 Zwiebeln
2 Möhren
4 El Butter
1,5 kg Wildschweinbraten aus der Schulter
1 Bouquet garni (je 2 Thymian-, Rosmarin-, Salbeizweige, Lorbeerblätter)
1 Tl Puderzucker
2 El Zitronensaft
$^1/_4$ l Gemüsebouillon
Salz
Schwarzer Pfeffer aus der Mühle
$^1/_4$ l Rotwein
6 Äpfel
12 Gewürznelken
2 El Butter zum Ausfetten
2 cl Cognac
500 g Preiselbeerkonfitüre

Zwiebeln und Möhren schälen. Beides fein würfeln. Die Butter in einem Bräter erhitzen. Darin das Fleisch von allen Seiten kräftig anbraten. Zwiebel- und Möhrenwürfel mit dem Bouquet garni zufügen, ebenfalls Farbe nehmen lassen.

Fleisch aus dem Topf heben und warm stellen. 1 Teelöffel Puderzucker über das Gemüse stäuben und damit das Gemüse karamellisieren. Zitronensaft und Gemüsebouillon angießen und 5 Minuten kochen lassen. Alles durch ein Sieb gießen, die Flüssigkeit auffangen und wieder in den Bräter füllen. Das Fleisch wieder in den Topf legen und mit Salz und Pfeffer herzhaft abschmecken. Auf kleiner Flamme für 1 $^1/_2$ Stunden köcheln lassen. Hin und wieder wenden. Nach und nach mit Rotwein auffüllen.

Die Äpfel schälen, das Kerngehäuse ausstechen, in der Mitte durchschneiden und in jede Hälfte 2 Gewürznelken stecken. Eine Auflaufform mit etwas Butter ausfetten und die Äpfel hineinsetzen. Die restliche Butter auf den Äpfelhälften verteilen. Im auf 200 °C vorgeheizten Backofen 30 Minuten backen.

Den Wildschweinbraten auf einer vorgewärmten Platte anrichten, die Soße mit Cognac aromatisieren und separat dazu reichen. Den Braten mit den geschmorten Apfelhälften umlegen. In jede Hälfte einen Esslöffel Preiselbeerkonfitüre füllen. Möglichst heiß servieren.

Zu diesem Wildschweinbraten passt ein kräftiger roter Burgunder.

Rehrückenfilet mit Maronenpüree

CHEVREUIL SAINT-HUBERT

FÜR 4 PERSONEN

1 Rehrückenfilet
8 Scheiben Bacon (Frühstücksspeck)
Schwarzer Pfeffer aus der Mühle
4 El Butter
200 g Rehfleisch-Abschnitt vom Rücken
150 g geräucherter Speck, gewürfelt
2 Zwiebeln, geschält gewürfelt
2 Möhren, geschält in Scheiben
1 Stück Sellerie, geschält gewürfelt
1 Bouquet garni (je 2 Thymian-, Rosmarin-, Salbeizweige, Lorbeerblätter)
1 El Speisestärke
$^1/_3$ l Gemüsebouillon
$^1/_4$ l Weißwein
1 Dose Maronenpüree (250 g)
$^1/_8$ l süße Sahne
1/8 l Portwein
3 El Johannisbeergelee
Salz
Schwarzer Pfeffer aus der Mühle
1 Msp. Cayennepfeffer

Das Rehrückenfilet in 8 gleich große Scheiben schneiden. Mit Speck umlegen und mit Küchengarn festbinden. Kräftig mit Pfeffer würzen.

2 El Butter in einem Bräter erhitzen. Rehfleischabschnitt, Speck, Zwiebeln, Möhren, Sellerie und das Bouquet garni darin anbraten. Mit Speisestärke bestreuen und kräftig Farbe nehmen lassen. Mit der Hälfte der Gemüsebouillon und Weißwein ablöschen und 30 Minuten im geschlossenen Topf köcheln lassen. Die Sauce durch ein Sieb gießen und die Flüssigkeit wieder auf den Herd setzen.

Das Maronenpüree mit der Sahne in einen Topf füllen und unter ständigem Schlagen mit dem Schneebesen vorsichtig heiß werden lassen. Mit Alufolie abgedeckt im Backofen warm halten.

Die restliche Butter in einer Pfanne erhitzen und darin die Rehfilets von beiden Seiten je 2–3 Minuten braun braten. Aus der Pfanne heben und auf einem Teller abgedeckt zum Püree in den Backofen stellen. Den Bratensatz mit der restlichen Brühe loskochen und zur Sauce geben. Mit Portwein, Johannisbeergelee, Salz, Pfeffer und Cayennepfeffer abschmecken und einmal aufkochen.

Auf jeden Teller einen guten Klacks Maronenpüree setzen, die Rehfilets daneben legen und mit der Sauce begießen.

Dazu passen kleine rohe Kartoffelknödel und ein Châteauneuf-du-Pape.

Hirschrückenfilet mit Morchelrahm

SELLE DE CERF AUX MORILLES À LA CRÈME

FÜR 4 PERSONEN

25 g getrocknete Morcheln
2 Schalotten
1 Knoblauchzehe
2 El Butter
200 g süße Sahne
2 Tl grüne Pfefferkörner
800 g Hirschrückenfilet
Salz
Schwarzer Pfeffer aus der Mühle
2 El Öl
150 ml Rotwein
200 ml Wildfond (Fertigprodukt)
125 ml Morcheleinweichwasser
2 Tl Speisestärke

Die Morcheln in ¼ l heißem Wasser 45 Minuten einweichen. Schalotten und Knoblauchzehe schälen und beides fein hacken. In einer Pfanne 1 El Butter erhitzen und darin Schalotten und Knoblauch andünsten. Die Pilze klein schneiden, ebenfalls in die Pfanne geben und mitdünsten. Die Morcheln aus dem Wasser nehmen und gut ausdrücken. Das Morchelwasser zum Entsanden durch eine Filtertüte in ein Gefäß gießen und beiseite stellen. Die süße Sahne mit dem Mixer halbsteif schlagen und mit den Pfefferkörnern unter die Morcheln rühren. Die Sauce bei schwacher Temperatur kurz erhitzen und warm halten.

Das Hirschrückenfilet von Häuten und Sehnen befreien. Waschen und gut trockentupfen. Mit Öl einreiben, pfeffern und salzen. Öl und restliche Butter in einer Pfanne erhitzen, das Filet darin von allen Seiten in ca. 15 Minuten braun braten. Das Fleisch aus der Pfanne heben und abgedeckt im Backofen warm halten. Rotwein und Wildfond in die Pfanne gießen und den Bratensatz loskochen. Bei starker Hitze die Sauce kurz aufkochen und zur Morchelsauce gießen. Das Morchelwasser mit der Speisestärke glatt rühren und damit die Sauce binden.

Das Hirschrückenfilet aus dem Ofen nehmen, in 2 cm dicke Scheiben schneiden und mit der Morchelsauce auf vorgewärmten Tellern anrichten.

Dazu passen feine, in Butter geschwenkte Bandnudeln und ein kräftiger Rotwein.

Desserts

Desserts

Nach dem Käse wird das Dessert gereicht, denn nach Ansicht der Franzosen schließt Käse alleine auf keinen Fall den Magen. Die köstlichen kleinen Süßspeisen, die oft mit einem Glas Champagner genossen werden, verkünden den Abschluss eines üppigen Mahls und bereiten ein wohliges Sättigungsgefühl. Nun freut man sich auf schwarzen Café und einen Digestif (Cognac, Eau de Vie).

Karamellisierter Apfelkuchen

TARTE TATIN

FÜR 4 PERSONEN

4 El Zucker
4 El Butter
6–7 mittelgroße Äpfel
Blätterteig (aus dem Kühlregal)
200 g Crème fraîche
Metallbackform mit Rand 20 cm Ø

Den Zucker auf dem Boden der Backform verstreuen. Die Butter in Flöckchen darauf verteilen. Die Äpfel schälen, vierteln, das Kerngehäuse entfernen und in der Form in Seitenlage anordnen. Die Äpfel sollten dicht an dicht liegen. Die Form auf die Herdplatte stellen und bei mittlerer Hitze die Butter zerlaufen lassen. Dann die Temperatur höher stellen. Jetzt beginnt die Zucker-Butter-Mischung zu brodeln und karamellisiert. Das Karamell soll eine goldbraune Farbe haben. Die Form vom Herd ziehen und erkalten lassen.

Den Blätterteig ausrollen und einen Teigkreis ausschneiden, der etwas größer als die Form ist. Auf die Äpfel legen und den Rand nach unten drücken, so dass der Teig die Äpfel wie ein Deckel abdeckt.

Zum Fertigbacken die Tarte in den auf 230 °C vorgeheizten Backofen schieben und in etwa 15 Minuten zu Ende backen.

Die Crème fraîche mit einem Löffel cremig aufrühren. Je 1 Stück lauwarme Tarte auf einem Dessertteller anrichten und mit einem Klecks Crème fraîche servieren.

Eierkuchen mit Kirschen

CLAFOUTIS AUX CERISES

FÜR 4 PERSONEN

500 g Schattenmorellen (aus dem Glas, ohne Stein)
150 g Mehl
2 Eier
2 El Zucker
1 Prise Salz
150 ml Crème fraîche
200 ml Milch
1 El Butter
1 Tl Puderzucker

Die Kirschen durch ein Sieb abgießen. Dabei die Flüssigkeit auffangen und anderweitig verwenden. Aus Mehl, Eier, Zucker und Crème fraîche einen dickflüssigen Teig herstellen. Jetzt so viel Milch angießen, bis ein nicht zu dünner Eierkuchenteig entsteht. Eine runde Auflaufform kräftig ausbuttern und darauf die abgetropften Kirschen verteilen. Den Teig darüber gießen und im auf 175 °C vorgeheizten Backofen für 55-60 Minuten backen. Aus dem Ofen heben, abkühlen und mit Puderzucker bestreut lauwarm servieren.

Eierkuchen mit Äpfeln

CLAFOUTIS NORMANDE

FÜR 4 PERSONEN

3 Äpfel
1 El Zitronensaft
3 El Zucker
2 Eier
1 Prise Salz
100 g Crème fraîche
1 El Mehl
3 El Rosinen, in 4 cl Calvados eingelegt
3 El weiche Butter
1 Tl Butter für die Form

Die Äpfel schälen, in feine Spalten schneiden und sofort mit Zitronensaft beträufeln. In einer Rührschüssel Zucker und Eier mit der Prise Salz luftig aufschlagen. Nun die Crème fraîche und das Mehl unterarbeiten. 3 Esslöffel von der Masse abnehmen und beiseite stellen. Die Rosinen durch ein Sieb gießen und den Calvados dabei auffangen. Mit den Apfelspalten zum Teig geben und gut vermischen. Die Masse in eine ausgebutterte Auflaufform füllen und glatt streichen.

Die Form in den auf 225 °C vorgeheizten Backofen schieben und 15 Minuten backen.

Die weiche Butter mit der restlichen Teigmasse vermischen und über den Clafoutis gießen. Für weitere 15 Minuten backen. Den Backofen ausschalten und den Eierkuchen für 10 Minuten darin stehen lassen. Zum Abkühlen herausholen.

Den aufgefangenen Calvados bis zum Siedepunkt erhitzen. Über den Clafoutis gießen und sofort flambieren. Den Kuchen in der Form zu Tisch bringen.

Zitronenschaum

MOUSSE AU CITRON

FÜR 6 PERSONEN

4 Eier
25 g Mehl (etwa $1\,\frac{1}{2}$ Esslöffel)
$\frac{1}{4}$ l Zitronensaft (etwa 8 Zitronen)
Abgeriebene Schale von 1 unbehandelten Zitrone

Die Eier trennen, das Eigelb mit dem Zucker cremig aufschlagen. Den Zitronensaft und die abgeriebene Zitronenschale zufügen. Alles gut vermischen. Im heißen Wasserbad so lange aufschlagen, bis die Masse abbindet. Sie darf nicht kochen. Im kalten Wasserbad kalt schlagen.

Das Eiweiß zu sehr steifem Schnee schlagen und mit dem Schneebesen vorsichtig unter die ausgekühlte Eiermasse ziehen.

In Portionsschalen füllen und mindestens 3 Stunden im Kühlschrank kalt stellen.

Schaumomelette

OMELETTE SOUFFLÉE

FÜR 4 PERSONEN

8 Eier
4 El brauner Rohrzucker
1 Vanilleschote
1 Prise Salz
1 Schuss Mirabellengeist
100 g Butter
100 g erwärmte Aprikosenmarmelade
1 Tl Puderzucker

Die Eier trennen. Das Eigelb mit Zucker und dem ausgeschabten Mark der Vanilleschote in einer Schüssel schaumig aufschlagen. Das Eiweiß mit der Prise Salz sehr steif schlagen. Die Eiermischung vorsichtig unterheben. Mit dem Mirabellengeist aromatisieren.

Die Butter auf vier kleine backofenfeste Pfännchen verteilen und sie damit ausreiben. Den Teig auf die 4 Pfännchen verteilen. Die Pfännchen in den auf 180 °C vorgeheizten Backofen schieben und 15–20 Minuten backen.

Auf Dessertteller anrichten und mit der warmen Aprikosenmarmelade bestreichen.

Mit Puderzucker bestäuben und so warm wie möglich servieren.

Soufflé mit Grand Marnier

SOUFFLÉ AU GRAND MARNIER

FÜR 4 PERSONEN

3 El Mehl
300 ml Milch
5 El Zucker
3 Eigelb
3 El Butter
3 El Grand Marnier
3 Eiweiß
1 Prise Salz
2 El Puderzucker

Das Mehl mit etwas kalter Milch anrühren. Die restliche Milch mit dem Zucker zum Kochen bringen. Mit der Mehlmilch andicken. Die Milch vom Herd ziehen. Eigelbe und 2 El Butter unterrühren. Den Grand Marnier dazugießen. Das Eiweiß mit der Prise Salz sehr steif schlagen und unter die Eiermasse heben.

4 feuerfeste Förmchen dick mit der restlichen Butter ausreiben. Darüber großzügig den Puderzucker sieben. Die Eiercreme in die Förmchen füllen und im auf 200 °C vorgeheizten Backofen 25 Minuten backen. Die fertigen Soufflés mit dem restlichen Puderzucker bestäuben und noch warm servieren.

Birnen in Rotwein

POIRES AU VIN ROUGE

FÜR 4 PERSONEN

4 feste, aber reife Williamsbirnen
0,7 l trockener Rotwein
100 g Zucker
1 P. Vanillezucker
1 El Zitronensaft
Etwas unbehandelte Orangenschale
2 Gewürznelken
1 Msp. Zimt
100 g Crème fraîche

Die Birnen schälen, wenn möglich die Stiele dranlassen. Rotwein, Zucker, Vanillezucker, Zitronensaft, Orangenschale und alle Gewürze in einen Topf füllen. Alles einmal kurz bis zum Siedepunkt erhitzen. Die geschälten Birnen einfüllen. Einen Deckel auf den Topf setzen und die Birnen bei mittlerer Hitze etwa 25–30 Minuten leise köcheln lassen. Vom Herd ziehen, abkühlen lassen und in eine Glasschale füllen. Mit Klarsichtfolie abgedeckt über Nacht ziehen lassen.

Je 1 Birne mit etwas Rotweinsirup und einem Klecks Crème fraîche servieren.

Dünne Pfannkuchen mit Zucker

CRÊPES AU SUCRE

FÜR 4 PERSONEN

250 g Mehl
3 Eier
Abgeriebene Schale von 1 unbehandelten Zitrone
1 El Zucker
50 g zerlassene Butter
½ l Milch
Butter zum Backen
Zucker zum Bestreuen (der Zucker kann auch mit Zimt gemischt werden)

Sie benötigen eine beschichtete Pfanne, wenn Sie keine Crêpe-Pfanne besitzen!

Das Mehl in eine Schüssel sieben und in die Mitte eine Mulde drücken. Dahinein Eier, Zitronenschale, Zucker und die zerlassene Butter geben. Mit dem Schneebesen vermischen. Nach und nach die Milch angießen. Es soll ein dünnflüssiger Teig entstehen. Der fertige Teig sollte an einem warmen Ort etwa 30 Minuten ruhen.

Pro Crêpe etwas Butter in die Pfanne geben, schmelzen lassen und einen kleinen Schöpflöffel voll Teig darüber gießen. Mit drehenden Bewegungen den Teig gleichmäßig in der Pfanne verteilen. Ein kleines Stück Butter auf der Teigoberfläche zergehen lassen. Wenn der Teig auf der Unterseite goldgelb ist und kleine braune Flecken hat, muss die Crêpe gewendet werden. Nach dem Backen auf einen Teller legen. Mit Zucker bestreuen, zu Vierteln zusammenklappen und servieren.

Nach Belieben kann man die Crêpe auch mit Marmelade oder Kompott füllen.

Schokoladenmousse

MOUSSE AU CHOCOLAT À LA PIERRE

FÜR 6 PERSONEN

250 g Zartbitterschokolade
3 El Amaretto-Likör
6 Eier
200 g Puderzucker
10 Amaretto-Kekse

Die Schokolade mit dem Amaretto-Likör im Wasserbad schmelzen. Die Eier trennen. Die Eigelbe mit der Hälfte vom Puderzucker cremig aufschlagen. Unter die geschmolzene Schokolade rühren.

Die Amaretto-Kekse in einen Gefrierbeutel füllen und mit dem Nudelholz zerbröseln. Zur Schokoladenmischung geben und gut unterrühren. Die Eiweiß zu sehr steifem Schnee schlagen, dabei nach und nach den Puderzucker einrieseln lassen. Den Eischnee vorsichtig unter die Schokoladenmasse heben.

Die fertige Creme in langstielige Portionsgläser füllen und im Kühlschrank 2 Stunden ruhen lassen. Mit langen Dessertlöffeln servieren.

Apfelkringel

BEIGNETS DE POMME

FÜR 4 PERSONEN

4 säuerliche Äpfel
4 cl Calvados
125 g Mehl
1 Tl Zucker
1 Prise Salz
1 Tasse Bier
2 Eier
2 El Butter
Reichlich Ausbackfett für die Pfanne

Mit einem Ausstecher das Kerngehäuse der Äpfel entfernen. Die Äpfel schälen und in Scheiben schneiden. In einer Schüssel mit dem Calvados marinieren.

Das Mehl mit Zucker und Salz mischen. Mit Bier und den Eiern zu einem glatten, dickflüssigen Teig verarbeiten. Die Butter schmelzen, zum Teig geben und gut vermischen.

So viel Fett in einer Pfanne mit hohem Rand erhitzen, dass die Apfelscheiben darin schwimmend ausgebacken werden können.

Die Apfelscheiben in den Teig tauchen und im Fett goldbraun ausbacken. Anschließend auf Küchenkrepp entfetten.

Die Beignets auf einer Platte anrichten und mit Puderzucker oder Zimt bestreut servieren. Wer möchte, kann dazu Schlagsahne reichen.

Glossar

Glossar

Aufmontieren
Beim Aufmontieren wird eine Suppe oder Sauce bei starker Hitze so lange mit eiskalten Butterflöckchen aufgeschlagen, bis sie leicht dickflüssig ist. Die eiskalte Butter verleiht Bindung.

Auslösen
Auslösen heißt Fleisch oder Fisch von Knochen oder Gräten befreien. Dazu benutzt man beim Fleisch ein „Ausbeiner-Messer", beim Fisch ein Messer mit einer dünnen, sehr biegsamen Klinge.

Beurre blanc
Die Beurre blanc ist eine weiße Sauce aus Weißwein, Schalotten und kalter Butter, die mit Eigelb aufgeschlagen wird.

Beurre manie
Beurre manie ist eine Mischung aus gleichen Teilen Mehl und Butter. Diese Mischung wird in heiße Flüssigkeit gerührt und dient zur Bindung von Saucen und Suppen.

Blanchieren
Blanchieren ist das kurze Überbrühen von Lebensmitteln mit kochendem Wasser. Es gart Gemüse vor, und wenn es danach gleich mit Eiswasser abgeschreckt wird, behält das Gemüse bei der Weiterverarbeitung seine natürliche Farbe.

Bouquet garni
Das Bouquet garni ist ein mit Küchengarn zusammengebundenes Kräutersträußchen. Es wird bei Suppen, Saucen und Schmorgerichten mitgekocht und verleiht den Gerichten Aroma.

Bresse-Huhn oder Poularde
Dieses Geflügel stammt aus der Bresse, einer Region nordöstlich von Lyon. Dieser Landstrich ist berühmt für sein hervorragendes Geflügel. Die Tiere besitzen ein weißes, festes Fleisch. „Bresse" ist weltweit ein Synonym für bestes Geflügel und besondere Qualität. Geflügel aus Bresse ist AOC-Geschützt (Verkauf nur mit blau-weiß-rotem Gütesiegel).

Bouillon
Die Bouillon ist die Basis für Suppen. Sie wird erzeugt durch langes Kochen von Fleisch, Geflügel oder Gemüse. Die darauf schwimmenden Fettaugen sind keineswegs ein Makel, sondern aus rein kulinarischer Sicht erwünscht.

Brie
Korrekterweise „Fromage de Brie". Ein Weichkäse der Vollfett-Doppelrahmstufe. Er wurde auf dem Wiener Kongress 1815 von den dort weilenden Diplomaten zum „König der Käse" gekürt.

Brillat-Savarin, Jean-Anthelme (1755-1826)
Geistiger Vater aller Tafelfreuden. Sein Zitat „Sage mir, was Du isst und ich sage Dir, wer Du bist" ist heute ein geflügelter Spruch aller Gourmets dieser Welt.

Brioche
Locker-leichte Teigware mit meist mildem Geschmack. Sie wird in runden Backformen gebacken. Unter ihrem kugeligen Teigkopf können sich sowohl süße als auch herzhafte Füllungen verbergen.

Brut
Brut ist die Bezeichnung für extra trockene Champagner-, Sekt- oder Weinsorten. Bei dieser Bezeichnung lässt man die so genannte „Dosage“, den Zuckerzusatz weg und erhält ein Produkt, das lediglich durch seine eigenen Geschmacksaromen glänzt.

Bukett (Bouquet)
Die gebündelte Aromenvielfalt eines Weines, die sich erst im Glas, wenn sie sich mit Sauerstoff vermischt, entfaltet. Echte Kenner erschnuppern am Bukett Rebe, Alter und Herkunft eines Weines.

Burgunder
Rebsorte von vollmundigem, edlem, tiefrotem Wein mit großem Körper (siehe Bukett). In einem Decanter (Glaskaraffe) präsentiert, entfaltet er sein ganzes Volumen.

Cabernet
Rotweintraube aus dem Bordeauxgebiet. Sie liefert einen der edelsten Rotweine. Die spätreife Traube bevorzugt karge Böden und viel Wärme. Die daraus gekelterten Weine sind tiefrot, taninreich (gut fürs Herz) und von ausgeprägter Fruchtigkeit. Ihr Geschmack erinnert an Johannisbeere und Kirsche.

Calvados
Bekömmlicher Apfelbranntwein aus dem Département „Calvados“. Er wird aus Mostäpfeln gebrannt. Der mit AOC ausgezeichnete „Calvados de Pays d'Auge“ enthält mindestenes 40 % Vol.

Camembert
Weichkäse aus dem Pays d'Auge. Erstmals erwähnt 1791.

Chardonnay
Eine der bekanntesten weißen Rebsorten. Aus ihr werden Chablis und Burgunder gekeltert.

Charolais
Die beste Rinderrasse Frankreichs. Charolais-Rinder werden ausschließlich zur Fleischproduktion gezüchtet. Nach 24 Monaten werden sie geschlachtet. Da sie überwiegend in Freilandhaltung leben und natürliches Futter bekommen, ist ihr Fleisch gleichmäßig gefärbt und von feiner Marmorierung.

Cidre
Trockener Apfelwein aus der Bretagne. Der leicht moussierende Wein hat bis zu 5 % Vol. Er sollte kühl getrunken werden.

Dijon-Senf
Pikanter Senf aus Dijon (Burgund). Er wird aus nicht entölten braunen und schwarzen Senfkörnern unter Zusatz von unvergorenem Traubensaft hergestellt.

Edelzwicker
Schlichter weißer Tisch- und Schoppenwein aus dem Elsass. Meist ein blumiger Verschnitt aus Silvaner, Chasselas und Pinot blanc.

Entrecôte
Inzwischen internationaler Begriff für das Zwischenrippenstück vom Rind.

Farce
Eine cremige Füllmasse, die in Geflügel, Fisch oder anderen Speisen, die sich füllen lassen, als geschmacklicher Kontrast eingesetzt wird.

Fond
Aus Gemüse- und/oder Fleischabschnitten hergestellte Brühe. Grundlage für Suppen und Saucen.

Gugelhupf
Dieser Hefekuchen ist eine Elsässer Spezialität. Mit Rosinen, Mandeln und Zitronenschalen gebacken und danach mit einem Gläschen Kirschwasser getränkt bereichert er jede Kaffeetafel.

Parieren
Fisch und Fleisch werden von Haut, Fett, Sehnen, Knochen und Gräten befreit und danach in die gewünschte Form gebracht.

Passieren
Suppen oder Saucen durch ein feines Sieb oder Tuch gießen, um sie damit von festen Bestandteilen zu trennen.

Reduzieren
Saucen oder Suppen werden stark eingekocht, dadurch reduziert sich ihr Wassergehalt und der Eigengeschmack wird verstärkt. Bei einer stark eingekochten Sauce spricht man dann von einer Reduktion.

Soufflé
Leichtes, duftiges Gebäck, das mit Hilfe von steif geschlagenem Eiweiß dramatische Höhen erreicht, aber leider, sobald es den Backofen verlässt, schnell in sich zusammen fällt.

Timbaleförmchen
Timbaleförmchen sind hohe, becherförmige Gefäße aus Küchenstahl. Sie werden für portionierte Pasteten oder Mousse benutzt. Sie eignen sich hervorragend zum Stürzen.

Register

Register

DAS RUSSISCHE KOCHBUCH
PETRA KNORR
KOMET
Das spanische Kochbuch
Petra Knorr
KOMET
derküche
KOMET
DAS ITALIENISCHE KOCHBUCH
Johannes Wirtz / Rino De Masi
KOMET
Das chinesische Kochbuch
Dr. Michael Vonau
Jing Zhao
KOMET
全家福平安